AF413219

Todos los libros de Linkgua Ediciones cuentan con modelos de Inteligencia Artificial entrenados por hispanistas. Pregúntale al chat de tu libro lo que desees acerca de la obra o su autor/a.

Para ebooks: Accede a nuestro modelo de IA a través de este enlace.

Para libros impresos: Escanea el código QR de la portada con tu dispositivo móvil.

Obtén análisis detallados de nuestros libros, resúmenes, respuestas a tus preguntas y accede a nuestras ediciones críticas generativas para una experiencia de lectura más enriquecedora.
La transparencia y el respeto hacia la autoría de las fuentes utilizadas son distintivos básicos de nuestro proyecto. Por ello, las respuestas ofrecen, mediante un sistema de citas, las fuentes con las que han sido elaboradas.

Juan Pérez de Montalbán

La monja alférez

Barcelona 2024
Linkgua-ediciones.com

Créditos

Título original: La monja alférez.

© 2024, Red ediciones S.L.

e-mail: info@linkgua.com

Diseño de la colección: Michel Mallard.

ISBN rústica ilustrada: 978-84-9897-4034.
ISBN tapa dura: 978-84-1126-808-0.
ISBN ebook: 978-84-9897-974-9.

Cualquier forma de reproducción, distribución, comunicación pública o transformación de esta obra solo puede ser realizada con la autorización de sus titulares, salvo excepción prevista por la ley. Diríjase a CEDRO (Centro Español de Derechos Reprográficos, www.cedro.org) si necesita fotocopiar, escanear o hacer copias digitales de algún fragmento de esta obra.

Sumario

Brevísima presentación

La vida

Juan Pérez de Montalbán (Madrid, 1602-1638). España

Juan era hijo del librero real que editó el Buscón de Quevedo sin la anuencia de éste. Sus antepasados eran judíos conversos. Estudió teología y se ordenó sacerdote a los dieciocho años, deviniendo notario de la Inquisición. A los diecinueve años escribió su primera comedia. Fue el discípulo predilecto de Lope de Vega y adversario de Francisco de Quevedo, que lo ridiculizó varias veces en sus obras.

Escribió unas cincuenta obras teatrales de diversos géneros. A la muerte de Lope de Vega compuso la Fama póstuma (1636), elogio y primera biografía de Lope.

Murió sumido en la locura.

La trama

Catalina de Erauso, abandonó un convento en San Sebastián, se vistió como hombre y se fue a América, donde alcanzó el grado de alférez.

Catalina mató a muchos en duelos y reyertas, y tuvo varios escarceos amorosos con otras mujeres. Fue detenida en Perú y condenada a muerte tras otra de sus habituales trifulcas. Entonces se supo que era virgen y el obispo de la región la perdonó.

De regreso a España fue recibida por el rey, que respetó su grado militar y le autorizó a usar un nombre y atuendos masculinos mientras el mismísimo Papa le perdonó su cambio de identidad sexual.

Tras estas aventuras regresó a América, esta vez a México, abrió un negocio y vivió con identidad masculina hasta su muerte.

Este texto de Montalbán es una de las más bizarras comedias de enredo escritas en el Siglo de Oro. En esta versión de La monja alférez se describe con más claridad que en ninguna otra la atracción homoerótica de Catalina y su destino terrible, perseguida por su familia.

La monja alférez

Personajes

Catalina de Erauso, monja alférez [Alonso de Guzmán]
Don Diego, galán
Don Juan
Doña Ana, dama
El alférez Nuevo Cid
El castellano del Callao
El vizconde de Zolina
Inés, su criada
Jarava
Machín, su criado, gracioso
Miguel de Erauso, soldado
Monroy
Motril
Ocaña
Peromato
Sebastián de Ylumbe, hidalgo
Teodora, dama
Tristán, criado
Un criado
Un religioso
Un soldado

Jornada primera

(Guzmán y Machín de camino, doña Ana e Inés con mantos.)

Ana   No puedo enfrenar el llanto.

Guzmán   No lo hubiera yo emprendido,
mi bien si hubiera entendido
que tú lo sintieras tanto.
   Mas ya es hecho; tú, señora,
eres culpada, yo no,
pues que tu amor me ocultó
lo que me descubre ahora.

Ana   El favor más limitado
de una principal mujer,
no basta para prender
la esperanza, y el cuidado.
   ¿Pude yo, siendo quien soy,
darte señales más claras
de mi amor? ¿Tú estimaras
los favores que te doy,
   si te entregase liviana
la posesión de mi pecho?

Guzmán   Ya no hay remedio, ya es hecho,
mas alivie, mi doña Ana,
   si mi ausencia te lastima,
el mal que sintiendo estás,
ver que dos leguas no más

dista el Callao de Lima.
    Y no dará luz la aurora,
jamás al monte, ni prado
sin que a mí me la haya dado
ese Sol que el alma adora.
    Así desmentir podré
la ausencia que te amenaza,
que supuesto que la plaza
yo de soldado asenté,
    y en el puerto he de asistir
las noches que estar de posta
no me toque, por la posta
a verte podré venir.

Ana   Con eso no solamente
se alivian mis sentimientos,
mas es para mis tormentos
el medio más conveniente.
    Pues si de las ansias mías
la envidiosa diligencia
tuvo indicios, con tu ausencia
desmentimos las espías.
    Que ya sabes que el efecto
de poderte ver, y hablar,
solamente ha de durar
lo que durare el secreto.
    Y así de nuevo te pido,
que la palabra me des
de no romperlo, aunque estés
ya celoso, ya ofendido.

Guzmán   Y de nuevo te prometo,

que no sepa mi cuidado
de mí, sino este criado,
que es ejemplo del secreto.

Machín No viene Machín de casta
que se pierde por hablar,
pues para saber callar,
soy vizcaíno, que basta.

Ana Pues, Alonso de Guzmán
hace de ti confianza,
ésa es la mayor probanza
que tus méritos me dan.
 Y tú porque la ocasión
jamás pierdas de venir
a verme, sin que inferir
pueda nadie tu afición.
 Pues es la curiosidad
tan necia, que te podría
poner una oculta espía,
que al entrar en la ciudad
 te siguiese, y nuestro amor
viniera a saberse, quiero
que el caballo más ligero,
que de indiano picador,
 agitado excede al viento,
obedezca a tu cuidado,
porque el pedirlo prestado,
no dé indicios de tu intento.
(Dale una cadena.) Del valor de esta cadena
puedes comprarlo y advierte,
que pues en verte o no verte

está mi gloria, o mi pena.
    No haya estorbo que resista
el efecto a mi deseo,
si cuanta hacienda poseo
me ha de costar una vista.

Guzmán   ¿Qué diligencia y cuidado
en servirte no pondrá
quien de tu favor está
por mil partes obligado?
    Esta cadena recibo
más que por sus eslabones
manifiesten las prisiones
en que enamorado vivo.
    Que por comprar el caballo,
que donde es tal el favor,
alas son los pies de amor
para volar a gozallo.

Ana   Adiós, pues, que estoy temiendo
la asechanza cuidadosa
de alguna afición celosa.

Guzmán   Aunque de oírlo me ofendo,
    trueco a tu opinión, señora,
los sentimientos más graves.

Ana   No hay que advertirte, pues sabes
la seña, ventana, y hora.

(Vase.)

Guzmán   ¿Qué dices de mi ventura?

Machín   Que pasa gran tempestad
             tu voto de castidad,
             entre ocasión, y hermosura.
                Pero don Diego tu amigo
             viene aquí.

Guzmán   Mucho sintiera,
             que a doña Ana conociera,
             si ahora la vio conmigo.
(Aparte.)   (Cuando mi pecho le estima,
             de tal suerte que por dar
             a sus temores lugar,
             gusto de salir de Lima.)

(Salen don Diego y Tristán.)

Diego   Era ya tiempo de veros,
             Guzmán amigo.

Guzmán   El buscaros
             pudiera escusar, si hallaros
             ha de ser para perderos.

Diego   ¿Cómo?

Guzmán   De Lima me ausento.

Diego   ¿Qué dices?

Guzmán   Mi natural

inclinación es marcial,
y vivo en la paz violento,
   y al Rey me parto a servir
en el puerto.

Diego   No me mueve,
ser la distancia tan breve,
a que deje de sentir
   la ausencia vuestra, Guzmán.

Guzmán   Tantas veces volveré
a veros, cuántas me dé
licencia mi capitán.

Diego   Porque podáis acordaros,
y por ser en la milicia
la gala de más codicia,
un penacho quiero daros
   excelente, cuyas plumas
en la fineza, y color,
unas son alas de amor,
y otras de Venus espumas.

Guzmán   Yo lo estimo, porque veo
que en él, don Diego, me dais
las alas que imagináis
que en vuestra ausencia deseo.
   Mas, pues, me le dais por prenda
de memoria, aunque confía
de vuestra amistad la mía,
que el olvido no la ofenda,
   os quiero dar unos guantes

(Los guantes que Guzmán saque puestos sean bordados ex-
traordinarios.)

               en la hechura, y el olor,
               en la materia, y valor,
               a los que veis semejantes.
                  Que cuando no por su extraña
               novedad los estiméis,
               hacerlo al menos podréis,
               por ser hechos en España.

Diego   De vos en todo excedido,
               y obligado me confieso,
               y por venceros en eso,
               me quiero dar por vencido.

Guzmán   Estos brazos os darán
               la respuesta. Adiós, don Diego.

(Abrázanse.)

Diego   Adiós, Tristán, lleva luego
               aquel penacho a Guzmán.

Guzmán   Siglos, Machín, considero
               para partir los instantes,
               lleva a don Diego los guantes,
               que puesto a caballo espero.

(Vase.)

Machín   Yo lo haré, mas si supiera
              que tú no habías de rompellos,
              por Dios que te hubiera de ellos
              cortado una bigotera.

(Vase.)

Diego   ¿Qué te detiene, Tristán?

Tristán   Solo a decirte que vi
              mientras hablabas aquí
              con Alonso de Guzmán
                  por esta esquina pasar
              hacia la Iglesia mayor
              a doña Ana.

Diego   Dame, amor,
              la ventura en alcanzar,
                  como el cuidado en seguir.

Tristán   Todo se alcanza obligando.

Diego   O he de vivir alcanzando,
              o siguiendo he de morir.

(Vanse. Sale Miguel de Erauso, abriendo una carta, de soldado en cuerpo, y va dentro de la carta un retrato. Carta.
Sobrescrito. Lee.)

Miguel   Al alférez Miguel de Erauso, mi hijo,
              en el puerto del Callao en los Reinos del
              Perú.

Hijo, valga por testamento
esta carta, pues me tiene a las puertas
de la muerte la afrenta que vuestra hermana
Catalina nos ha hecho ausentándose
ocultamente de San Sabastián. No os lo he
escrito antes aunque ha ya trece años, por
escusaros la pena. Mas ahora por haber
entendido que pasó a esos reinos en traje
de varón, por el deseo de su remedio,
atropelló vuestro sentimiento. Su retrato
es el incluso. Si la suerte o la diligencia
la hallare, noble sois, y cuerdo, y sabréis
lo que habéis de hacer. Dios os guarde. De
San Sebastián, a febrero 20 de 1618 años.
Vuestro padre el capitán Miguel de Erauso.
    ¿Cómo es posible que haya yo leído
estos renglones sin haber perdido,
si no la vida el seso?
¡Que se arrojase a tan infame exceso,
mujer que nació noble, cielo santo!
Mas si nació mujer, ¿de qué me espanto?
O carta, que el veneno por los ojos
distes al alma en átomos despojos
de mi furor, al viento
informad de mi grave sentimiento.
No os pongan las crueldades de mi suerte
o mi vecina, ya forzosa muerte,
en ajeno poder, para que al suelo
sirváis en mi deshonra de libelo:
y tú, retrato, si también del dueño,
que representas por la semejanza
la fealdad, y engaño no te alcanza,

(Rompe la carta.)

libra mi honor de tan infame empeño,
verdad me informa, porque conocerla
pueda por ti, si acaso llego a verla.
Mas en diverso traje, y las facciones
ya de los años, del calor, y el frío
mudadas, y en américas regiones,
que son tan dilatadas, desvarío
será el querer buscarla,
ni prometerme que podrán hallarla
cuidado, ingenio, o diligencia alguna.
Encomiéndolo al tiempo, y la fortuna.

(Sale el alférez el Nuevo Cid, Guzmán, Machín y un soldado.)

Alférez Sepa, señor soldado,
     que esta fuerza, es fuero ya asentado,
     que paguen los bisoños la patente.

Guzmán Pues yo que no lo soy, no solamente
     no tengo de pagarla,
     mas de quien me la pida, he de cobrarla,
     que soy Alonso de Guzmán.

Machín   ¿Qué es esto?

Alférez Sabed, Miguel de Erauso, que el soldado
     que miráis, más cerril que desbarbado
     nos niega la patente.

Guzmán
(Aparte.)   (¡O santo cielo!

Éste es mi hermano.)

Alférez   Diga, ¿en qué se fía?
                   Más barba, amigo, y menos valentía;
                   sepa que a mí me llaman por mal nombre
                   el Nuevo Cid, y él es apenas hombre,
                   porque es razón que note,
                   que el vigor se deriva del bigote.

Guzmán   Pues porque esté el vigor más en su centro
                   hecho yo los bigotes hacia dentro,
                   y basta.

Machín
(Aparte.)   (Aquí entro yo, que ya se enoja,
                   y está dos dedos de sacar la hoja.)
                   Señor, advierte, que ésta es ley que puso
                   el uso, y no es estafa lo que es uso.

(Miguel mira atentamente a don Alonso de Guzmán.)

Alférez   Es cierto, que jamás la cortesía
                   militar permitió superchería.

Guzmán   Por ese estilo sí mostrarles quiero
                   que estimo la opinión más que el dinero;
                   todos conmigo comerán mañana.

Alférez   Con eso a todos por amigos gana.

Soldado   Pues eso quédese así, y ahora un rato
                   al ocio le sirvamos este plato;

¿jugáis, Alonso de Guzmán?

(El soldado saca unos naipes.)

Guzmán   A todo;
          pero más a los dados me acomodo.

Alférez   Úsanse poco en la región indiana.

Guzmán   ¿A qué hemos de jugar?

Alférez   ¿No es cosa llana,
          que en el Perú no saben los tahúres
          otro juego mejor que los albures?

(Juegan a los naipes sobre un bufete, y Miguel aparte mira
atento a Guzmán.)

Machín   Señor soldado, diga por su vida,
          ¿por acá los que ganan son ingratos?
          ¿Suelen vender muy caros los baratos?

Soldado   Los soldados son gente muy partida.

Machín   Esos son los percances de un criado,
          que está a mirón perpetuo condenado.

Miguel
(Aparte.)   (Dicen que al pastor, cuando ha perdido
          alguna oveja, como está advertido
          a buscarla no más, se le semeja
          cualquiera voz balido de su oveja.

Que a mí con el cuidado,
que mi perdida hermana me ha causado,
cualquier joven que viere, en quien el sello
no ponga de la edad al rostro el vello,
he de pensar que es ella, y ya el deseo
comienza a ejecutarlo en el que veo,
pues no solo en la voz, el rostro, y talle
me parece mujer; mas me parece
que las facciones, que su rostro ofrece
las del retrato son, quiero miralle
unas con otras partes confiriendo.
¿Mas qué locura acreditar pretendo?
Si es éste Alonso de Guzmán deshecha
no deja su valor cualquier sospecha.)

Guzmán
(Aparte.)   (Si no es de mi temor esta advertencia,
suspenso, atento, cuidadoso, y mudo,
me contempla mi hermano, mas no pudo
aunque tenga noticia de mi historia
conservar de mi rostro su memoria,
las especies después de tanta ausencia;
y más haciendo en mí tal diferencia
la edad, el traje, el brío, y el estado;
en vano me desvela este cuidado.)

Miguel
(Aparte.)   (Si es ella, a recatarse ha de obligarla
el verme pensativo, descuidarla
disimulando importa, que ocasiones
me darán con el tiempo sus acciones,
yendo con advertencia,

con que de la sospecha haga evidencia.)

(Llégase a jugar.)

Alférez   Mas al caballo cuatro patacones.

Miguel   Conmigo van.

Alférez   ¡Qué presto vino el siete!
            ¿Que juegue yo a los naipes? Voto a Cristo.

Miguel   So alférez, ¿no me paga?

Alférez   Estaba visto.

Miguel   No estaba.

Alférez   Yo lo digo,
            y basta.

Miguel   ¿Pues conmigo
            habla de esta manera?

Soldado   No se espante,
            que está perdiendo.

Miguel   No ha de ser bastante
            para que me hable a mí con arrogancia.

Alférez   Aunque no pierda puedo yo tenerla,
            porque yo soy.

Miguel   Para conmigo nada.

Alférez   Yo soy mejor que vos.

Guzmán   Mentís, villano.

(Dale con la daga en la cabeza Guzmán al alférez; sacan todos las espadas.)

Alférez   La lengua he de cortaros, y la mano.

Miguel   ¿No tengo espada yo, Guzmán? ¿Qué es esto?
                ¿No veis que es agraviarme
                vengarme vos, pudiendo yo vengarme?

Guzmán   Hecha donde yo estoy la demasía,
                siempre la tomo yo por cuenta mía.

Miguel   Esto es hecho, allá va la vizcaína,
                que nunca vuelve sin hacer cecina.

(Sale el castellano en cuerpo con bastón.)

Castellano Ah, soldados.

Soldado   Éste es el Castellano.

Castellano Ténganse, o vive Dios.

Alférez   Obedeceros
             es fuerza.

Castellano   Envainen luego los aceros,
            y cuéntenme qué es esto.

Miguel   Ya no es nada,
            sobre palabras desnudé la espada
            con el alférez.

(Hablan en secreto Guzmán y Machín.)

Machín   Buena la hemos hecho.

Guzmán   No pude más, enfurecióme el pecho
            la ofensa de mi hermano;
            y de la sangre en ímpetu violento
            me arrebató el primero movimiento.

Castellano Siendo así, Nuevo Cid, dadle la mano
            que con sacar la espada, habéis quedado
            entrambos bien.

(Danse las manos el alférez y Miguel.)

Alférez   La mano os doy de amigo.

Castellano También la habéis de dar a este soldado;
            porque si cuando os ofendió, tenía
            la daga ya en la mano, caso es llano,
            que nadie a su enemigo
            agravia con las armas en la mano.

(Dale la mano a Guzmán.)

Y si hubo en ello alguna demasía,
eso es lo que ha de obrar mi tercería.

Alférez   Vos lo mandáis, respondo obedeciendo,
(Aparte.)   que sois mi superior (mas yo me entiendo;
              que no estoy obligado
              sientiéndome agraviado,
              a guardar la amistad que he prometido).

Soldado   Alférez, ¿vais herido?

Alférez   Pienso que no.

Soldado   Debió de dar de llano
              como un nabo le parte, si la mano
              vuelve de filo; información ha hecho,
              que es el lampiño, hombre de pelo en pecho.

(Vase.)

Castellano   Agradézcalo, soldado,
              que del virrey me vino encomendado,
              que si no, yo le hiciera
              con un trato de cuerda, que supiera
              que no se ha de arrojar tan atrevido
              a perder a un alférez el respeto,
              que aunque no es oficial suyo, en efecto
              por el puesto que ocupa le es debido.
              Y vos, mancebo, que también inquieto
              imitáis vuestro dueño, yo os prometo
              si dais otra ocasión que os dé la pena
              escarmiento colgado de una almena.

(Vase.)

Machín   Y lo hará, vive Dios, como lo dice,
            que no es hombre de burla el Castellano.
            ¿Qué dices tú, señor?

Guzmán   Que ya lo hice,
            y que gustosa me quedó la mano
            del coscorrón, que le asenté de llano;
            pero la noche viene, y el dinero
            de la cadena ha dado fin, y quiero
            pedir otro socorro a mi doña Ana;
            el caballo prevén, que la mañana
            nos ha de hallar de vuelta en el castillo.

Machín   Yo voy a prevenillo
            alegre, porque ver a Inés deseo,
            y triste, porque veo
            que me lleva en sus ancas tu caballo:
            y es tal la matadura, y tanto el callo,
            que tengo ya de sus trotonerías,
            que pienso que le llevo yo en las mías.

(Vanse.)

Miguel   Si ofrecen los afectos naturales
            de la oculta verdad claras señales,
            ¿qué conjetura, o presunción más llana,
            de que es ésta mi hermana,
            que el repentino ardor, y ciega furia
            con que dio fuego al golpe de mi injuria?

Del natural amor, y sentimiento,
fue aquel involuntario movimiento,
que con la lengua respondió, y la mano,
al soy mejor que vos, mentís villano;
más con otra experiencia
tengo de confirmar por evidencia
mi sospecha, y podré determinarme
sin declarar mi afrenta, a declararme.

(Vase. Salen doña Ana e Inés a la ventana.)

Ana   Ya no bastan las prisiones
de mi honor, y de mi fama,
a oprimir la ardiente llama
de mis resueltas pasiones.
   Y en esto por cosa llana
tengo, Inés, que ha de afrentarme,
mas en público casarme,
que en secreto ser liviana.
   Que si Alonso de Guzmán
es en Lima forastero,
a quien su brazo y acero
solamente nombre dan.
   Que su sangre, y nacimiento,
y su calidad se ignora,
cuando mis desdenes llora,
y aspira a mi casamiento,
   el noble don Diego en vano,
claro está que era buscar
mi afrenta pública, dar
de esposa a Guzmán la mano;
   y así pues muero de amor,

resuelvo comprar la vida
con prenda que no es perdida
mientras se oculta el error.

Inés   Tanto te he visto penar,
que vence de tu tormento
la piedad al sentimiento
de verte así despeñar.
     Y ya que a tan ciego efecto
llegas a determinarte,
confía que he de ayudarte
con lealtad, y con secreto.

Ana   A lo mucho que te quiero
responde tu obligación.

Inés   Gente viene.

Ana   El corazón
me dice que es el que espero.

(Salen Guzmán y Machín.)

Machín   Válgate el diablo el rocín,
y lo que me ha batanado.

Guzmán   Tú eres para enamorado
muy delicado, Machín.
     Pero ya es hora de ver
a mi querida doña Ana,
quiero hacer a la ventana
la seña.

Ana   No es menester.

Guzmán   ¿Aquí estás, hermoso dueño?
            Mi cuidado preveniste.

Ana   El pecho, en que amor asiste,
            da breve tributo al sueño.

Guzmán   Tu desvelo ha adivinado
            la necesidad que tengo
            de abreviar puntos, que vengo
            en confianza obligado
              a que la Aurora ha de hablarme
            en mi prisión.

Ana   ¿Estás preso?

Guzmán   Hice, señora, un exceso,
            que pienso que ha de costarme
              cuidado, y desasosiego,
            y dinero.

Machín
(Aparte.)   (Disparó.)

Ana   Cuánta hacienda tengo yo
            tienes por tuya.

Machín
(Aparte.)   (Dio fuego.)

Guzmán   Pienso que me has de obligar
           a ser cobarde con eso,
           si en haciendo yo el exceso,
           tú, mi bien, lo has de pagar.

Ana   Yo estoy, Guzmán, con temor
           de que en la calle te vean,
           que hay muchos que la pasean
           desvelados de otro amor.

Guzmán   ¿Tan presto me despides?

Ana   No despido, antes te pido
           que no pongas en olvido
           los favores que me pides.

Guzmán   Mérito es la cobardía,
           siendo tan alta la empresa.

Ana   Sin méritos se confiesa,
           quien amando desconfía.
               Y yo que conozco en ti
           los que bastan a vencerme,
           resuelvo que entres a verme
           para confesarlo así.
               Y para que la ocasión
           evite, que puedes dar
           en la calle, de infamar
           de liviana mi opinión.

Guzmán   Favor tan no merecido
           ya lo toco, y no lo creo,

que aun ocultando el deseo,
lo acusaba de atrevido.
   Solo temo, hermoso dueño,
tu peligro en mi ventura.

Ana   La oscuridad me asegura,
y a mi padre ocupa el sueño.
   Con silencio en paso lento
por tinieblas seguirás
mis plantas, y llegarás
sin peligro a mi aposento.

Guzmán   Ya con la gloria que espero,
un punto a mil siglos pasa.

Ana   Voy a disponer la casa,
que matar las luces quiero
   para más seguridad.
Aguárdame tú y Machín
a la puerta.

(Vanse Inés y doña Ana.)

Machín   Aquí dio fin
el voto de castidad.
   Por Dios que he de ver ahora
si aguardas dispensación
a oscuras, y en la ocasión,
con quien amas, y te adora.

Alférez   Sepa, señor soldado,
que esta fuerza, es fuero ya asentado,

que paguen los bisoños la patente.

Guzmán   Pues yo que no lo soy, no solamente
          no tengo de pagarla,
          mas de quien me la pida, he de cobrarla,
          que soy Alonso de Guzmán.

Machín   ¿Qué es esto?

Alférez   Sabed, Miguel de Erauso, que el soldado
          que miráis, más cerril que desbarbado
          nos niega la patente.

Guzmán
(Aparte.)   (¡O santo cielo!
          Éste es mi hermano.)

Alférez   Diga, ¿en qué se fía?
          Más barba, amigo, y menos valentía;
          sepa que a mí me llaman por mal nombre
          el Nuevo Cid, y él es apenas hombre,
          porque es razón que note,
          que el vigor se deriva del bigote.

Guzmán   Pues porque esté el vigor más en su centro
          hecho yo los bigotes hacia dentro,
          y basta.

Machín
(Aparte.)   (Aquí entro yo, que ya se enoja,
          y está dos dedos de sacar la hoja.)
          Señor, advierte, que ésta es ley que puso

el uso, y no es estafa lo que es uso.

(Miguel mira atentamente a don Alonso de Guzmán.)

Alférez	Es cierto, que jamás la cortesía
	militar permitió superchería.

Guzmán	Por ese estilo sí mostrarles quiero
	que estimo la opinión más que el dinero;
	todos conmigo comerán mañana.

Alférez	Con eso a todos por amigos gana.

Soldado	Pues eso quédese así, y ahora un rato
	al ocio le sirvamos este plato;
	¿jugáis, Alonso de Guzmán?

(El soldado saca unos naipes.)

Guzmán	 A todo;
	pero más a los dados me acomodo.

Alférez	Úsanse poco en la región indiana.

Guzmán	¿A qué hemos de jugar?

Alférez	 ¿No es cosa llana,
	que en el Perú no saben los tahúres
	otro juego mejor que los albures?

(Juegan a los naipes sobre un bufete, y Miguel aparte mira
atento a Guzmán.)

Machín   Señor soldado, diga por su vida,
              ¿por acá los que ganan son ingratos?
              ¿Suelen vender muy caros los baratos?

Soldado   Los soldados son gente muy partida.

Machín   Ésos son los percances de un criado,
              que está a mirón perpetuo condenado.

Miguel
(Aparte.)   (Dicen que al pastor, cuando ha perdido
              alguna oveja, como está advertido
              a buscarla no más, se le semeja
              cualquiera voz balido de su oveja.
              Que a mí con el cuidado,
              que mi perdida hermana me ha causado,
              cualquier joven que viere, en quien el sello
              no ponga de la edad al rostro el vello,
              he de pensar que es ella, y ya el deseo
              comienza a ejecutarlo en el que veo,
              pues no solo en la voz, el rostro, y talle
              me parece mujer; mas me parece
              que las facciones, que su rostro ofrece
              las del retrato son, quiero miralle
              unas con otras partes confiriendo.
              ¿Mas qué locura acreditar pretendo?
              Si es éste Alonso de Guzmán deshecha
              no deja su valor cualquier sospecha.)

Guzmán
(Aparte.)   (Si no es de mi temor esta advertencia,

suspenso, atento, cuidadoso, y mudo,
me contempla mi hermano, mas no pudo
aunque tenga noticia de mi historia,
conservar de mi rostro su memoria,
las especies después de tanta ausencia;
y más haciendo en mí tal diferencia
la edad, el traje, el brío, y el estado;
en vano me desvela este cuidado.)

Miguel
(Aparte.)   (Si es ella, a recatarse ha de obligarla
el verme pensativo, descuidarla
disimulando importa, que ocasiones
me darán con el tiempo sus acciones,
yendo con advertencia,
con que de la sospecha haga evidencia.)

(Llégase a jugar.)

Alférez   Mas al caballo cuatro patacones.

Miguel   Conmigo van.

Alférez   ¡Qué presto vino el siete!
¿Que juegue yo a los naipes? Voto a Cristo.

Miguel   So alférez, ¿no me paga?

Alférez   Estaba visto.

Miguel   No estaba.

Alférez			Yo lo digo,
y basta.

Miguel				¿Pues conmigo
habla de esta manera?

Soldado					No se espante,
que está perdiendo.

Miguel					No ha de ser bastante
para que me hable a mí con arrogancia.

Alférez		Aunque no pierda puedo yo tenerla,
porque yo soy.

Miguel					Para conmigo nada.

Alférez		Yo soy mejor que vos.

Guzmán						Mentís, villano.

(Dale con la daga en la cabeza Guzmán al alférez; sacan todos las espadas.)

Alférez		La lengua he de cortaros, y la mano.

Miguel		¿No tengo espada yo, Guzmán? ¿Qué es esto?
¿No veis que es agraviarme
vengarme vos, pudiendo yo vengarme?

Guzmán		Hecha donde yo estoy la demasía,
siempre la tomo yo por cuenta mía.

Miguel   Esto es hecho, allá va la vizcaína,
              que nunca vuelve sin hacer cecina.

(Sale el castellano en cuerpo con bastón.)

Castellano Ah, soldados.

Soldado   Éste es el Castellano.

Castellano Ténganse, o vive Dios.

Alférez   Obedeceros
                es fuerza.

Castellano   Envainen luego los aceros,
              y cuéntenme qué es esto.

Miguel   Ya no es nada,
              sobre palabras desnudé la espada
              con el alférez.

(Hablan en secreto Guzmán y Machín.)

Machín   Buena la hemos hecho.

Guzmán   No pude más, enfurecióme el pecho
              la ofensa de mi hermano;
              y de la sangre en ímpetu violento
              me arrebató el primero movimiento.

Castellano Siendo así, Nuevo Cid, dadle la mano

que con sacar la espada, habéis quedado
entrambos bien.

(Danse las manos el alférez y Miguel.)

Alférez   La mano os doy de amigo.

Castellano También la habéis de dar a este soldado;
porque si cuando os ofendió, tenía
la daga ya en la mano, caso es llano,
que nadie a su enemigo
agravia con las armas en la mano.

(Dale la mano a Guzmán.)

Y si hubo en ello alguna demasía,
eso es lo que ha de obrar mi tercería.

Alférez   Vos lo mandáis, respondo obedeciendo,
(Aparte.) que sois mi superior (mas yo me entiendo;
que no estoy obligado
sientiéndome agraviado,
a guardar la amistad que he prometido.)

Soldado   Alférez, ¿vais herido?

Alférez   Pienso que no.

Soldado   Debió de dar de llano
como un nabo le parte, si la mano
vuelve de filo; información ha hecho,
que es el lampiño, hombre de pelo en pecho.

(Vase.)

Castellano Agradézcalo, soldado,
          que del virrey me vino encomendado,
          que si no, yo le hiciera
          con un trato de cuerda, que supiera
          que no se ha de arrojar tan atrevido
          a perder a un alférez el respeto,
          que aunque no es oficial suyo, en efecto
          por el puesto que ocupa le es debido.
          Y vos, mancebo, que también inquieto
          imitáis vuestro dueño, yo os prometo
          si dais otra ocasión que os dé la pena
          escarmiento colgado de una almena.

(Vase.)

Machín   Y lo hará, vive Dios, como lo dice,
          que no es hombre de burla el Castellano.
          ¿Qué dices tú, señor?

Guzmán   Que ya lo hice,
          y que gustosa me quedó la mano
          del coscorrón, que le asenté de llano;
          pero la noche viene, y el dinero
          de la cadena ha dado fin, y quiero
          pedir otro socorro a mi doña Ana
          el caballo prevén, que la mañana
          nos ha de hallar de vuelta en el castillo.

Machín   Yo voy a prevenillo

alegre, porque ver a Inés deseo,
y triste, porque veo
que me lleva en sus ancas tu caballo:
y es tal la matadura, y tanto el callo,
que tengo ya de sus trotonerías,
que pienso que le llevo yo en las mías.

(Vanse.)

Miguel   Si ofrecen los afectos naturales
de la oculta verdad claras señales,
¿qué conjetura, o presunción más llana,
de que es ésta mi hermana,
que el repentino ardor, y ciega furia
con que dio fuego al golpe de mi injuria?
Del natural amor, y sentimiento,
fue aquel involuntario movimiento,
que con la lengua respondió, y la mano,
al soy mejor que vos, mentís villano;
más con otra experiencia
tengo de confirmar por evidencia
mi sospecha, y podré determinarme
sin declarar mi afrenta, a declararme.

(Vase. Salen doña Ana e Inés a la ventana.)

Ana   Ya no bastan las prisiones
de mi honor, y de mi fama,
a oprimir la ardiente llama
de mis resueltas pasiones.
    Y en esto por cosa llana
tengo, Inés, que ha de afrentarme,

mas en público casarme,
que en secreto ser liviana.
    Que si Alonso de Guzmán
es en Lima forastero,
a quien su brazo y acero
solamente nombre dan.
    Que su sangre, y nacimiento,
y su calidad se ignora,
cuando mis desdenes llora,
y aspira a mi casamiento,
    el noble don Diego en vano,
claro está que era buscar
mi afrenta pública, dar
de esposa a Guzmán la mano;
    y así pues muero de amor,
resuelvo comprar la vida
con prenda que no es perdida
mientras se oculta el error.

Inés   Tanto te he visto penar,
que vence de tu tormento
la piedad al sentimiento
de verte así despeñar.
    Y ya que a tan ciego efecto
llegas a determinarte,
confía que he de ayudarte
con lealtad, y con secreto.

Ana   A lo mucho que te quiero
responde tu obligación.

Inés   Gente viene.

Ana   El corazón
me dice que es el que espero.

(Salen Guzmán y Machín.)

Machín   Válgate el diablo el rocín,
y lo que me ha batanado.

Guzmán   Tú eres para enamorado
muy delicado, Machín.
   Pero ya es hora de ver
a mi querida doña Ana,
quiero hacer a la ventana
la seña.

Ana   No es menester.

Guzmán   ¿Aquí estás, hermoso dueño?
Mi cuidado preveniste.

Ana   El pecho, en que amor asiste,
da breve tributo al sueño.

Guzmán   Tu desvelo ha adivinado
la necesidad que tengo
de abreviar puntos, que vengo
en confianza obligado
   a que la Aurora ha de hablarme
en mi prisión.

Ana   ¿Estás preso?

Guzmán   Hice, señora, un exceso,
          que pienso que ha de costarme
            cuidado, y desasosiego,
          y dinero.

Machín
(Aparte.)   (Disparó.)

Ana   Cuánta hacienda tengo yo
          tienes por tuya.

Machín
(Aparte.)   (Dio fuego.)

Guzmán   Pienso que me has de obligar
          a ser cobarde con eso,
          si en haciendo yo el exceso,
          tú, mi bien, lo has de pagar.

Ana   Yo estoy, Guzmán, con temor
          de que en la calle te vean,
          que hay muchos que la pasean
          desvelados de otro amor.

Guzmán   ¿Tan presto me despides?

Ana   No despido, antes te pido
          que no pongas en olvido
          los favores que me pides.

Guzmán   Mérito es la cobardía,

siendo tan alta la empresa.

Ana   Sin méritos se confiesa,
quien amando desconfía.
 Y yo que conozco en ti
los que bastan a vencerme,
resuelvo que entres a verme
para confesarlo así.
 Y para que la ocasión
evite, que puedes dar
en la calle, de infamar
de liviana mi opinión.

Guzmán Favor tan no merecido
ya lo toco, y no lo creo,
que aun ocultando el deseo,
lo acusaba de atrevido.
 Solo temo, hermoso dueño,
tu peligro en mi ventura.

Ana   La oscuridad me asegura,
y a mi padre ocupa el sueño.
 Con silencio en paso lento
por tinieblas seguirás
mis plantas, y llegarás
sin peligro a mi aposento.

Guzmán Ya con la gloria que espero,
un punto a mil siglos pasa.

Ana   Voy a disponer la casa,
que matar las luces quiero

para más seguridad.
Aguárdame tú y Machín
a la puerta.

(Vanse Inés y doña Ana.)

Machín   Aquí dio fin
el voto de castidad.
     Por Dios que he de ver ahora
si aguardas dispensación
a oscuras, y en la ocasión,
con quien amas, y te adora.

Guzmán   ¿Luego yo me he de poner
en el peligro?

Machín   Pues ya,
cuando la ocasión está
en tus manos, ¿qué has de hacer?

Guzmán   El remedio es no aguardarla.

Machín   Es agravio declarado.

Guzmán   Con lo mismo que has pensado
que la ofendo, he de obligarla.

Machín   ¿Cómo?

Guzmán   El secreto, y recato
es la primer condición,
que ha puesto a mi pretensión;

pues en este breve rato,
　　que tarda en abrir diré
que vino gente a la calle,
y que yo por no arriesgalle
la opinión, me retiré,
　　y que mostrando celosa
curiosidad me siguieron,
y alcanzándome quisieron
conocerme, y fue forzosa
　　mi resistencia, y así
duró la marcial porfía
hasta que la luz del día
nos puso en paz y de aquí
　　levantaré una pendencia
por celos, con que ni deje
ocasión de que se queje
doña Ana de aquesta ausencia,
　　ni tenga por mal partido
poderme desenojar.

Machín   Gente viene allí.

Guzmán   Ayudar
mis intentos han querido
　　los cielos con la verdad;
ven.

Machín   Pues por ti pierdo a Inés,
de participantes es
tu voto de castidad.

(Vanse. Salen don Diego y don Juan de noche; don Diego
saca los guantes de Guzmán.)

Juan   Parece que se retiran
              de la calle con cuidado,
              pues recelos os han causado
              sepamos por quién suspiran.

Diego   Aunque intentemos seguirlos
              es imposible alcanzarlos,
              y pues los celos es darlos
              mucho mejor que perderlos.
                  Guardemos la puerte y calle
              de doña Ana, y ellos vengan;
              dado caso que lo tengan
              por agravio averigualle.
                  Pues de creer es que aspiran
              si no vuelven a otro amor,
              o he de quedar superior,
              si ofendidos se retiran.

Juan   Bien decís.

Diego   Don Juan, callad,
              que la puerta de doña Ana
              siento abrir.

Juan   No ha sido vana
              vuestra sospecha.

Ana   Llegad,
          dadme la mano, y con tiento
          seguid mis pasos los dos.

Diego
(Aparte.)   (La que adoro es, vive Dios,
          gozar la ocasión intento.)

Juan
(Aparte.)   (¡Notable engaño!)

Diego
(Aparte.)   (¿Qué dudo?
          Hoy tomo justa venganza,
          y amor engañado alcanza,
          lo que obligando no pudo.)

Juan
(Aparte.)   (La perdida ocasión es
          de los cobardes que huyeron,
          y pienso, pues la perdieron,
          llevar de barato a Inés.)

Teodora   Como te digo engañada
          me trae toda la vida,
          si ha hecho voto o no ha hecho voto

y de la Apostólica silla
la relajación aguarda,
y dilatando los días,
trae mi deseo engañado,
mi libertad oprimida,
y en tu valor confiada,
que del rigor de su ira
me libres, siendo sagrado
de mi libertad cautiva.

Miguel   Yo te lo ofrezco, no temas,
que estando por cuenta mía,
no se atreverá a ofenderte.

Teodora   Tú, alférez, le notificas
mi intento, que el fin del caso
quiero aguardar escondida.

(Vase.)

Miguel   ¿Qué falta para que entienda
que es mi hermana Catalina,
este fingido Guzmán;
que un mozo a quien solicitan
la ocasión bella mujer,
y la edad más encendida?
Por el voto no es creíble
que a los impulsos resista
de los deleites de Venus;
y más cuando de su vida
en lo demás sus costumbres
de santo no lo acreditan.

Pues si con esto se junta
la natural simpatía
con que mi ofensa sintió,
si el retrato lo confirma,
si Teodora con no estar
de esta sospecha advertida,
dice que no sabe en qué
nuestros rostros simbolizan,
¿qué indicios más evidentes,
qué señales más precisas
para resolverme espero?

(Salen Guzmán y Machín.)

Guzmán   Pon al caballo la silla
mientras escribo a doña Ana
las ocasiones fingidas
de la que perdí esta noche.

Machín   Entre amores, y mentiras
toca el punto del dinero:
vende caras tus caricias,
ya que me obligas a ser
lanzadera de aquí a Lima.

(Vase.)

Miguel
(Aparte.)   (Ya que a solas ha quedado,
pues la ocasión me convida,
saldré de esta confusión.)
Guzmán, a buscaros iba.

Guzmán   ¿Hay en qué os sirva?

Miguel   El alférez,
            que agraviado se imagina,
            dice que la mano dio
            forzado de quien podía
            mandarlo, y las amistades
            en tal caso le obligan;
            y para satisfacerse
            dos a dos nos desafía,
            y en el campo nos aguarda.

Guzmán   En poco tiene la vida.
            Vamos presto, no atribuya
            la tardanza a cobardía.

Miguel   Seguidme, que no están lejos.
(Aparte.)   (¿Cómo es posible que viva
            en un pecho mujeril
            tan varonil osadía,
            si cuantos espada empuñan
            en la guerra, y paz afirman
            que salir a un desafío
            es la mayor valentía?
            Mas si cuentan las historias,
            ya modernas, y ya antiguas,
            tantas matronas jamás
            de humanas fuerzas vencidas,
            ¿que mucho que las iguale
            una mujer vizcaína,
            engendrada entre las duras

montañas, que el hierro crían?)

Guzmán   ¿Dónde están nuestros contrarios,
que largo trecho la vista
del campo raso descubre,
y no parecen.

Miguel   Por dicha
no han llegado; el sitio es éste.

Guzmán
(Aparte.)   (Recelos me solicitan
de algún engañoso intento
de mi hermano, que la misma
conciencia, aunque nadie pudo
de quien soy darle noticia,
en la mayor confianza
me acusa, y atemoriza.
Pero no he de declararme
aunque me cueste la vida.)

Miguel
(Aparte.)   (Usar quiero de cautela,
que si no es quien imagina
mi pecho, no me está bien
que sepa la afrenta mía.)
Cansado vengo de andar
por esta playa arenisca.
Asentémonos, pues tarda
el Nuevo Cid.

(Siéntase Miguel a una parte del teatro y Guzmán a otra lejos
de él.)

Guzmán   Poco estima
                su opinión, pues tanto tarda.

Miguel
(Aparte.)   (Con cuidado se retira
                de mí. Cierta es mi sospecha.
                Su recelo la confirma.)
                ¿Por qué os asentáis tan lejos?
                Que mientras vienen querría,
                que vuestra patria, y discurso,
                me contáis de vuestra vida.

Guzmán   Desde aquí os lo contaré,
                que esta peña me convida
                con asiento acomodado.

Miguel   El ruido, que en la orilla
                del mar forma la resaca,
                en la peñas combatidas,
                nuestras voces desvanece,
                y a hablar a gritos obliga
                para entendernos; mas yo
                quiero que esta cortesía
                me debáis.

(Levántase, va hacia Guzmán y Guzmán se levanta, y empu-
ña la espada.)

Guzmán   Teneos, alférez.

Miguel   ¿Qué hacéis, Guzmán?

Guzmán   No prosigan
            vuestros pies; no os acerquéis,
            porque os quitaré la vida.

Miguel   ¿De mí os receláis?

Guzmán   Si he hecho
            en España, y en las Indias
            mil excesos, mil injurias,
            y agravios mil, ¿qué os admira,
            que me recele, de quien
            no conozco si podría
            tocaros en sangre alguna
            persona de mí ofendida?
            Y más cuando contra vos
            esta sospecha acredita
            del Nuevo Cid la tardanza.
            ¿Que sé yo, si como mira
            los escrúpulos del duelo
            tan curiosa la malicia
            os ofendisteis de mí
            cuando pensé que os servía,
            vengando en él vuestra injuria;
            pues en la pendencia misma
            de este sentimiento distes
            señales tan conocidas?

Miguel   Guzmán, Guzmán, todas esas
            son ficciones, que fabrica

para ocultar la verdad
vuestro pecho, que imagina
que la ignoro; hablemos claro.
Yo tengo cierta noticia
de vuestro mentido traje,
de Vizcaya me lo avisan
con señas, y con retratos,
que vuestro engaño averiguan;
aquí los truje, que quiero
que entre los dos se decida
el remedio con secreto.
Poned en esto la mira,
sin perder tiempo en negar,
lo que a no ser tan precisas
las probanzas que lo muestran,
vuestros temores publican.

Guzmán   Ni entiendo vuestros intentos,
ni alcanzo vuestros enigmas.
Mas pues las razones muestran,
que vuestro pecho delira,
quiero dejaros por loco.

(Quiere irse, y detiénela.)

Miguel   Vuelve, vuelve, Catalina,
que no te he sacado aquí
para dejar indecisa
la cuestión, yo estoy resuelto
a que de esta playa misma,
sin plazo, ni dilaciones
en un convento de Lima

he de partir a encerrarte,
o he de quitarte la vida,
porque no hagas más afrenta
a la nación vizcaína.

Guzmán
(Aparte.)   (Ya se declaró, perdone
la sangre, que solo estriba
en el acero el remedio.)
Sospecho que se os olvidan
las hazañas de este brazo,
pues con tan loca osadía
nombre de mujer me dais;
y si a provocarme a ira,
no bastara la violencia
que pretendéis, bastaría
solo este agravio a obligarme
a que el fuerte acero esgrima.
(Acuchíllanse.)   Para mostraros que es hombre,
y más que hombre, quien fulmina
rayos, que espantan el cielo,
y que la tierra castigan.

Miguel   Tente, tente, que me has muerto.

(Cae herido.)

Guzmán
(Aparte.)   (Ay de mí, ya me lastima
el amor de hermano.) Ponte
en mis hombros, y a esa ermita
te llevaré a confesar,

(Cógele en hombros.)

        que el ser cristiano me obliga
        a que con piadoso afecto
        el remedio te perciba.
(Aparte.)   (Del alma; ojalá pudiera
        darle también a la vida.)

        Fin de la primera jornada

Jornada segunda

(Inés con manto, y una carta, y Machín con botas y espuelas;
dale la carta a Machín.)

Inés   Ésta, Machín, es la carta
             para tu señor.

Machín   Inés,
             solo falta que me des,
             para que aliviado parta,
               esos brazos.

Inés   Yo los doy
             con el alma.

Machín   Aprieta más.

Inés   Al fin, ¿a Chile te vas?

Machín   Al fin, a Chile me voy,
              a ser nuevo paladín:
             mas tente, que si el amor
             no me engaña, es mi señor
             el que estoy viendo.

(Sale Guzmán con un penacho en el sombrero con plumas
blancas y verdes.)

Guzmán   Machín.

Machín   ¿Es posible que te veo,
           señor de mi vida?

Guzmán   Inés,
           ¿no me abrazas?

Inés   Con los pies
           satisfaces mi deseo.
              A ganar de mi señora
           las albricias, voy volando.

Guzmán   Espera, Inés, dime cuándo
           la podré ver.

Inés   No hay ahora
              quien lo impida, que la muerte
           sepulta a su padre ya;
           y la suya solo está
           en dilación de verte.
              Ven conmigo.

(Vase.)

Guzmán   Ya te sigo.

Machín   Una carta te escribía
           doña Ana, y hoy me partía
           a Chile, a buscar contigo
              la vida, o sin ti la muerte.

(Dale la carta, y Guzmán la abre y lee.)

Guzmán   Yo me confieso obligado
            de tu amor.

Machín   Yo lo he quedado
            de tu venida a la suerte,
               pues que te dije del trote
            de un rocín. Mas ya, señor, di,
            ¿pasan los días por ti?
            Con un palmo de bigote
               te imaginaba, ¿y te vienes
            tras la ausencia de tres años
            calvo de barba? ¿Qué baños,
            qué ungüentos, qué drogas tienes
               para no barbar? Que quiero
            verme libre de una vez
            de irle a entregar la nuez
            cada semana a un barbero.

Guzmán   Machín, si tengo de hacello,
            procúralo merecer,
            porque no lo has de saber
            mientras me tratares de ello.

Machín   ¿De modo que lo dirás
            si no lo pregunto?

Guzmán   Sí.

Machín   Pues digo que desde aquí
            no lo pregunto jamás;
               pero ya tu hermosa amante
            a recibirte se ofrece.

(Salen Ana e Inés. Vala a abrazar Guzmán, y ella lo detiene.)

Guzmán   Si tus abrazos merece,
           señora, un amor constante.

Ana   Detente, Guzmán.

Guzmán   ¿Qué es esto?

Ana   Solos nos dejad los dos.

Inés   Vamos, Machín.

(Vase.)

Machín   Vive Dios,
           que la larga ausencia ha puesto
             muy mal acondicionado
           este juro, y no querría,
           que tú también, Inés mía,
           la finca hubieses mudado.

(Vase.)

Guzmán   Ya estamos solos, ¿ahora
           podré merecer los brazos,
           cuyos amorosos lazos,
           firmemente el alma adora,
             tras tanta ausencia, doña Ana?

Ana   Escucha primero el daño,

de que fue causa un engaño,
la noche que a la ventana
　te hablé, que fue la postrera
de tu vista, y mi contento,
como fue de mi tormento,
y tu agravio la primera:
　que puesto que me has escrito
por disculpa, que el respeto
de mi fama, y el secreto
de tu amor, causó el delito
　de no aguardar la ocasión
de entrarme a ver, porque había
gente en la calle, y sería
atropellar mi opinión.
　Yo, porque no es bien fiar
tan grave paso a un papel,
no quise decirte en él
lo que ahora has de escuchar;
　porque el remedio te toca,
como en el caso verás,
que de otra suerte jamás
rompiera el sello a la boca.

Guzmán　　Señora, el siguiente día
de esa noche, que por ti,
y por tu opinión perdí
la ocasión, que el alma mía
　tan largo tiempo ha llorado
salí al campo con Miguel
de Erauso, y riñendo en él
fue el alférez desdichado
　más que yo, pues de una herida

penetrante que le di,
entre la sangre le vi
casi despedir la vida.
  De este suceso obligado
me partí solo, y a pie
desde allí, que aun no avisé
a Machín, este criado,
  que es mi compañero fiel
en los bienes, y los daños,
causa de que estos tres años
haya vivido sin él
  en Arauco, adonde huyendo
llegué al fin, y no escribí
señora, a Machín, ni a ti
en muchos meses, temiendo
  que descubrirme podrían
las cartas, que los discretos
nunca importantes secretos
de frágil nema confían,
  hasta que después sabiendo,
que sanando de la herida
Miguel de Erauso, y la vida
de una enfermedad perdiendo,
  llegué, doña Ana, a tener
seguridad, y con esto
me dispuse lo más presto,
que pude venirte a ver.
  Éstos han sido los pasos
de mi ausencia, y mis enojos
y la gloria de tus ojos
me han impedido estos casos.
  Cuenta ahora confiada

los tuyos, pues ofrecida
tengo a tu gusto la vida,
y a tu defensa la espada.

Ana

Después que de la ventana
me aparté, Guzmán, y muertas
las luces, mi casa toda
ocuparon las tinieblas.
A cumplir lo concertado
contigo, volví a la puerta
de la calle, abrí, y dos hombres
hallé parados en ella.
Tú y Machín, érades dos;
¿quien recelarse pudiera,
si en número conforman,
y en aguardarme concuerdan?
Dame la mano, y los dos
me seguid, dije, y apenas
lo pronunciaron mis labios,
cuando tan callados llegan.
Me dan la mano, y me siguen,
que si mil causas tuviera
de recelarme, esto solo
desmintiera las sospechas.
Mientras las confusas sombras,
hasta mi cuarto penetran;
la oscuridad, y el silencio
sus engaños lisonjean.
A mi retrete llegamos,
cierro muy quedo la puerta,
y el que tengo por mi dueño
dentro conmigo se queda,

dejando al que imaginaba
que era tu criado, fuera
con Inés, por darla a solas
a nuestro amor más licencia.
El traidor nada cobarde,
las persuasiones empieza,
por las obras, y a las manos
da el oficio de la lengua.
Es verdad que me tenía
el amor tuyo tan ciega,
que fuera en mi rendimiento
fingida la resistencia.
Mas al abrazo primero,
su persona corpulenta,
de la tuya delicada
me ofreció la diferencia;
y para certificarme,
tócole el rostro, y las señas
varoniles, hallo en él,
que tu poca edad te niega.
Entonces, ay desdichada,
cada vez que se me acuerda,
entre nuevas turbaciones,
faltan al pecho las fuerzas,
como a la mísera nave
en la confusa tormenta,
mortal naufragio amenazan,
ya las olas, ya las peñas,
encontrados pareceres
me animan, y me refrenan,
cada vez más afligida,
cada vez menos resuelta.

Si me doy por entendida
del engaño ha de ser fuerza
resistir, aunque aventure
la vida en la resistencia,
que rendirme, confesando
que no le conozco, fuera
consintiendo mi deshonra,
confesarle mi flaqueza.
Si resisto, si doy voces,
si llamo mi padre, es cierta,
como su agravio, mi muerte,
como su culpa, mi afrenta.
Demás que en su edad caduca,
y en sus ya débiles fuerzas,
dos hombres, cuya osadía
se conoce en lo que intentan.
¿Qué muerte no ejecutaran?
Y más donde las tinieblas
facilitan su delito,
y aseguran su defensa.
Al fin tras discursos varios,
si discurre quien se anega,
y camina quien sin luz
tropieza en troncos, y peñas.
Por menor daño tuvieron
mis temores que me hiciera,
no entendida del engaño,
que entendida de la ofensa,
que no pudiendo vengarla,
pierde menos quien se muestra
ignorante con disculpa,
que sentido con afrenta.

Y así para dar color
de virtud a mi flaqueza,
mintiendo amorosos gustos,
fingiendo palabras tiernas,
y llamándole mi esposo,
legitimé la licencia
de entregarle de mi honor
la posesión que desea.
Mas como aquel que a la orilla
del hondo lago forceja,
con las humicidas aguas
entre la muerte conserva
el cuidado de la vida,
y un junco, o rama pequeña,
ansioso prende, librando
el postrer remedio en ella.
Así yo entre las congojas,
entre las ansias, y penas
de la muerte de mi honor
al agresor de mi afrenta,
para poder conocerlo,
para señal de la deuda,
para testigo del daño,
quitar procuré una prenda.
La turbación, el recato,
y el temor de que entendiera
mi intención, no permitieron
más curiosa diligencia
de la que bastó a quitarle
unos guantes, porque es fuerza
contentarse con la suerte,
donde la elección se niega.

Mas por aumentar mis males
te obligó mi suerte adversa
a ausentarte de este reino
antes que a verme volvieras,
siendo el silencio forzoso
hasta verte, porque fueran
tres siglos de infierno mío
los tres años de tu ausencia.

(Muéstrale los guantes.)

Éstos, Guzmán, son los guantes,
si conocerlos confiesas,
y del donatario aleve,
a quien los distes te acuerdas;
si no pretendes sufriendo
tan claro agravio, que entienda
que fuiste cómplice injusto
de su engaño, y de mi afrenta
su castigo, mi remedio,
y tu venganza prevenga
tu valor, que nunca supo
sufrir livianas ofensas,
pues fue ladrón de tu gloria,
y causador de mi pena,
y siendo yo tuya, corren
mis agravios por tu cuenta.

Guzmán
(Aparte.)   (Don Diego sin duda fue
el agresor, bien lo prueban
los guantes, y ser amante

de doña Ana, que ni fuera
de su puerta, y de su calle
a tal hora centinela,
ni emprendiera tal exceso,
sino que amor le tuviera,
y si supo que me hacía
a mí el agravio, me fuerza
más que a remediar el daño,
a vengarme de la ofensa.)
Doña Ana, sola una cosa,
para que el modo resuelva
del remedio, o la venganza,
es forzoso que me adviertas.
¿Nombrásteme aquella noche?
¿El ladrón de tu belleza
pudo entender que era yo
a quien hurtaba tus prendas?

Ana No me acuerdo, si primero
que el engaño conociera
te nombré, que como estaba
de tan gran traición ajena,
quitó la seguridad
como el cuidado a la lengua,
la atención a la memoria.
Pero después, yo estoy cierta,
de que tu nombre oculté,
y con la misma advertencia,
Inés, en desconociendo
el compañero, refrena
los labios, no sé si fue
de medrosa, o de discreta.

Guzmán Dame los guantes, y fía,
      que han de faltar las estrellas
      a la noche, luz al Sol,
      agua al mar, centro a la tierra,
      o has de ver, aunque al traidor
      el mismo infierno defienda,
      su castigo ejecutado,
      o tu opinión satisfecha.

(Dale los guantes.)

Ana   Dime, ¿quién es mi enemigo?

Guzmán Primero quiero que sepas
      de mi valor el efecto
      que el causador de tu afrenta,
      porque según lo deseo,
      de ti misma se recela
      mi pecho, y la confianza
      de este secreto te niega,
      porque no llegue primero
      que la ejecución, la nueva
      de mi enojo, a los oídos
      de quien vengarte deseas.

Ana   Prevención es de tu amor,
      y de tu valor fineza.

Guzmán Mas debo a la confianza
      con que tu honor me encomiendas.

(Vanse y salen don Diego y don Juan.)

Juan   Tanto admiro que constante
            tres años la hayáis querido,
            como que no hayáis podido
            descubrir quién fue el amante
              que aquella noche esperaba.

Diego   Mucho puede en mí el honor,
            pues no me vence el amor,
            que si primero la amaba,
              después acá he enloquecido.
            Mas idos con Dios, don Juan,
            porque Alonso de Guzmán,
            que me dicen que ha venido,
              voy a ver.

Juan   Yo no iré,
            por andarme despachando
            para España acompañando.

(Vase.)

Diego   Esta noche os buscaré.

(Sale Guzmán con el penacho en el sombrero.)

Guzmán   Señor don Diego.

Diego   ¿Que os veo,
            Guzmán?

Guzmán   Apenas llegué
          cuando os busco.

Diego   No podré
          significar el deseo
            que de veros he tenido.

Guzmán   En esta ausencia fiad,
           don Diego, de mi amistad,
           que lo que más he sentido
             es de carecer de vos.

Diego   Por más que lo encarezcáis,
           sé que a deberme quedáis.

Guzmán   Si hemos de apostar los dos
             a finezas, yo querría
           que me dijérades antes
           qué hicisteis de aquellos guantes,
           que cuando a servir partía
             al punto, por prenda os di
           de amistad, y de memoria.

Diego   ¿Importa para la historia
           que os dé cuenta de ellos?

Guzmán   Sí,
             que viendo que vuestro pecho
           tanto llega a encarecer
           su amistad, quiero saber
           la estimación que habéis hecho
             de mis prendas, pues conmigo

tanto las vuestras valieron,
que ni los años pudieron,
ni del bárbaro enemigo,
   la batalla más reñida,
y sangrienta hacer jamás,
que no defendiese más
estas plumas que esta vida.

Diego   Si estuviera el defender,
el conservar, y estimar
las vuestras en arriesgar
la vida, podréis creer,
   que despreciara la muerte.
Mas como son siempre vanas
las prevenciones humanas
contra el orden de la suerte,
   fue la misma estimación
que de los guantes hacía,
pues conmigo los traía
de perderlos la ocasión.

Guzmán   Ya por lo menos mostró
el cuidado que he tenido,
don Diego, que os he vencido
en no descuidarme yo.
   Pero ya que no podéis
vencido en esto negar,
hay ocasión de cobrar,
en las albricias que deis
   por cobraros la opinión
que perdisteis en perderlos.
Ved lo que daréis por ellos,

en hallazgo que estos son:
(Muéstraselos.)   ¿conocéislos?

Diego   Sí, Guzmán,
que por las señas que ofrecen
son ellos, o lo parecen.

Guzmán   Pues ya, don Diego, que dan
                reconocidos, probanza
del suceso que sabéis,
solo quiero que me deis
de hallazgo la confianza
    de una secreta verdad;
en cuya declaración
mostraréis la estimación
que tenéis de mi amistad.
    Supuesto que sé la historia,
pues sé que dónde perdistes
estos guantes, conseguistes
en nombre ajeno la gloria
    mayor que el amor alcanza,
dando la noche ocasión
a hurtarle su posesión
    por engaño a otra esperanza.

Diego
(Aparte.)   (¿Qué escucho? ¿Que se ha sabido
por los guantes mi secreto?
Causa de tan grave efecto
indicio tan leve ha sido.
    El yerro ha estado en decir
que los perdí, pues con eso

conforma en parte el suceso.
Mas ni pude prevenir
   el daño de confesarlo,
ni advertí que los perdí
la noche que cometí
el delito, que a olvidarlo
   fueron tres años bastantes
que han pasado.)

Guzmán   Si el dudar
es especie de negar:
de tres puntos importantes
   quiero, don Diego, avisaros,
para que os determinéis.
El uno, pues que sabéis
que sé el caso, el recelaros
   y negármelo es quitarme
la obligación de callar,
y al contrario, es confiar
de mí el secreto, obligarme
   a guardarlo, y de ello os doy
la palabra; lo segundo,
en que con más causa fundo
lo que pidiéndoos estoy,
   es que sabe el agraviado
que fuisteis vos el ladrón
de su perdida ocasión;
y que está determinado
   a mataros, y no haréis
fácilmente que no goce
la ocasión que él os conoce,
y vos no le conocéis.

Lo tercero, que yo estoy
en el caso de por medio,
y os advertiré el remedio,
porque vuestro amigo soy,
   con que os declaréis conmigo,
que en cambio de ello os prometo,
que debajo de secreto
os diré vuestro enemigo.

Diego   Lo que referís confieso
que es verdad, que confesarlo
es lo mismo que contarlo,
pues sabéis todo el suceso.
   Y así pues de vos me fío,
resta ahora que cumpláis
vuestra palabra, y digáis
quién es el contrario mío,
   y el medio que prevenís
para que me aseguréis.

Guzmán El contrario que tenéis
soy yo.

Diego   Guzmán, ¿qué decís?

Guzmán Que yo soy a quien hurtaste
la ocasión, yo quien estaba
en la calle, y aguardaba
la gloria que vos gozasteis.
   Que advirtiendo que venía
gente entonces, fue en mi amor
retirarme por su honor,

decoro, y no cobardía.
	Que la primer condición,
que me puso, y prometí,
cuando el alma le ofrecí,
fue mirar por su opinión.
	Y pues sabréis mi valor,
satisfecho puedo estar,
de que no podréis pensar
que lo hice de temor.
	Y ya que sabido habéis
que soy yo quien la ha perdido,
el remedio es ser marido
de quien el honor debéis.

Diego		Plugiera a Dios que pudiera,
sin que mi opinión manchara,
pues que su deuda pagara,
y mi amor satisfaciera.
	Mas admírame, Guzmán,
que en tan poco me tengáis,
que en casarme pretendáis
con quien tuvo otro galán.

Guzmán		Si por tener otro amante
honor hubiera perdido,
os hubiera yo ofendido
con demanda semejante.
	Mas supuesto que no infama
siendo lícito el favor,
y solo daña al honor
la ejecución, o la fama,
	justa es esta pretensión,

pues que yo en su pensamiento
alcancé solo el intento,
pero vos la ejecución.

Diego   ¿Lícito favor llamáis
el que le determinó
a las obras, y os abrió
como aquí me confesáis,
   y probé con la experiencia
la puerta?

Guzmán   ¿Si me llamaba
ya su esposo, no le daba
el honor esa licencia?

Diego   Sí, mas de eso mismo arguyo
lo que conmigo perdió,
que si a vos, Guzmán, os dio
nombre de marido suyo,
   y aquella noche os abría
su casa, con esta fe,
¿cómo me aseguraré
de que otra vez no haría
   el mismo amoroso exceso
con vos?

Guzmán   Ésa es presunción
bien fundada, y con razón
habéis reparado en eso;
   ¿mas si os dejo satisfecho
en esa parte seréis
su esposo?

Diego   ¿Cómo podéis,
donde en vuestro mismo hecho
vos no valéis por testigo?

Guzmán   Pues si es imposible hagamos,
porque el caso resolvamos,
un contrato: yo me obligo
si no os satisfago, a daros
por libre de que os caséis,
con que vos os obliguéis
si os satisfago, a casaros,
con que guardéis un secreto
que de vuestro valor fío,
¿lo guardaréis como mío?

Diego   Como quien soy lo prometo.

Guzmán   Sabed, pues, don Diego amigo,
que yo soy mujer.

Diego   ¿Mujer?
Valor que supo vencer
en campaña al enemigo
tantas veces, que aun excede
el crédito a la opinión,
y esperanza del varón
más valiente, ¿cómo puede
ser hijo del frágil pecho
de una mujeril flaqueza?
Y ya que naturaleza
tan gran milagro haya echo,

        ¿cómo se pudo encubrir
tanto tiempo, o qué ocasión
en el traje de varón
os ha obligado a servir
    en la guerra? Y si adoráis
a doña Ana, ¿he de creer
que amáis siendo mujer,
otra mujer? No queráis
    acreditar imposibles.

Guzmán   Mi historia, y las ocasiones
de tales transformaciones,
y casos tan increíbles
    con atención escuchad,
que en ellas conoceréis
de la novedad que veis
el engaño, o la verdad.
    En San Sebastián, que es villa
en la provincia soberbia
vizcaína, la más rica,
a quien el mar lisonjea;
pues que llega a sus murallas
a contribuir las perlas,
si bien de las olas se hacen,
y olas después quedan hechas,
nací, don Diego. Mas ¿cómo
te podrá decir mi lengua,
que nací mujer? Perdone
mi valor tan grave ofensa.
Nací mujer en efecto,
de antigua y noble ascendencia.
Es mi nombre Catalina

Erauso, que mi nobleza
me dio este noble apellido,
bien conocido en mi tierra.
En la edad, pues, si se escucha,
que es cuando la lengua apenas
dicciones distintas forma,
juzgaba naturaleza
violenta en mí, pues desnuda
de la mujeril flaqueza
en acciones varoniles
me ocupaba, haciendo afrenta
a Palas, cuando vio a Venus
pasar los muros de Grecia.
La labor que es ejercicio
de la más noble doncella,
la trocaba por espada,
las cajas y las trompetas
me daban mayores gustos,
que las músicas compuestas.
Pero mis padres mirando
en mi condición tan fiera,
en un convento, que es freno
de semejantes soberbias,
me metieron. Ay, don Diego,
¿quién explicarte pudiera
la rabia, el furor, la ira,
que en mi corazón se engendra
en ocasión semejante?
Mas remito estas certezas
a las violentas acciones
que has visto en mí en esta tierra.
Once meses, y once siglos

pasé allí mi resistencia,
casi a imitación del fuego,
cuando le oprime la tierra.
Mas viendo que se llegaba
la ocasión, en que era fuerza
hacer justa profesión
ayudada de tinieblas,
y femeniles descuidos,
dejé la clausura honesta,
quiero decir el convento,
y penetrando asperezas,
montes descubriendo, y valles,
troqué el vestido, que alientan
las desdichas con venturas,
cuando los males comienzan.
Llegué a la corte, y don Juan
Idiáquez, que entonces era
Presidente, conociendo
mi vizcaína nobleza,
teniéndome por varón,
por paje me admite, a fuerza
de peticiones que hice
para obligar su grandeza.
Supo todo esto mi padre.
Vine a Madrid más resuelta,
y animosa, a Madrid trueco
por Pamplona, ciudad bella.
A don Carlos de Arellano
serví en ella, mas la ofensa
de un caballero atrevido,
a quien di muerte sangrienta,
me ausentó de ella; partí

a la ciudad a quien besa
el Betis los altos muros,
Sevilla al fin, real palestra
de los que siguen a Marte;
al fin seguí a Marte en ella.
En la Armada me embarqué
indiana, llegué a la tierra
que a España la fertiliza
de oro que cría en sus venas.
Hubo con el araucano
soberbio sangrienta guerra;
halléme en ella, mostré
el valor que en mí se encierra
yo sola en la escaramuza
que vi trabada primera,
maté..., mas esta alabanza
díganlo bocas ajenas,
que yo no te diré más
de que en la ocasión primera
me dio don Diego Sarabia
de sargento la jineta,
y después no pasó mucho,
me honraron con la bandera
que honró a Gonzalo Rodríguez,
muerto a las manos soberbias
de bárbaros araucanos,
puesto que su muerte cuesta
muchas vidas a los indios,
y a mí heridas inmensas,
que en mi pecho, si las miras,
te darán clara evidencia.
Puse en el rostro la mano

de un caballero, y fue fuerza
venirme a Lima, don Diego,
adonde doña Ana bella,
juzgándome por varón,
amor y afición me muestra.
Gocé un año sus favores,
y al cabo de él representa
vuestro amor el sentimiento
y de que yo la adore y quiera.
Dejé a Lima, fuime al Puerto,
para que vos con mi ausencia
gozásedes más favores,
aunque aquella noche misma
la volví a ver, y esta vista
fue causa que vuestra sea,
con el engaño, don Diego,
que vos sabéis, mas no es ésta
ocasión de dilatar,
lo que mi razón intenta.
A Lima he vuelto obligada
de mi desdichada estrella,
que en impulsos de mi espada
tiene sus acciones puestas.
Tres años ha que este caso
sucedió y ella me ruega,
como a causa de este error,
y principio de esta pena,
que por su honor vuelva, y mire;
aquesta es forzosa deuda
en mí, pues que di ocasión
a que su honor se perdiera.
Vos lo podéis remediar,

y lo habéis de hacer por fuerza
cuando no queráis de grado;
y advertid, que no os parezca
porque soy mujer, don Diego,
que no alcanzaré esta empresa.
Que vive Dios que primero
el Sol dejará a la tierra,
a las arenas el mar,
las aves la región fresca,
la tierra a las verdes plantas,
el fuego su altiva esfera,
que vos podáis eximiros
de pagar tan justa deuda,
pues la razón os obliga
cuando mi valor os ruega.

Diego   Yo quedo de verdad tan prodigiosa,
por las señas del rostro satisfecho,
pues ya la barba en él era forzosa,
mas don Juan, secretario de mi pecho,
Inés, criada de doña Ana hermosa,
Machín, privanza vuestra, son del hecho
testigos, y es preciso darles cuenta
de esta verdad para evitar mi afrenta,
   si tengo de casarme.

Guzmán   No lo niego
y de doña Ana el bien me solicita,
mas publicar que soy mujer, don Diego,
primero moriré que lo permita.

Diego   ¿Qué haremos, pues?

Guzmán   La llave que os entrego
          del secreto guardad, que el tiempo quita
          inconvenientes, y el discurso humano
          no tiene los remedios en la mano:
            dejádmelo pensar, que ya está hecho
          lo más pues con mi historia habéis quedado
          del honor de doña Ana satisfecho,
          y de vuestra sospecha asegurado.

Diego   Vuestro secreto morirá en mi pecho,
          y de vuestra amistad voy confiado,
          que no obligue a doña Ana con mi afrenta.

(Vase.)

Guzmán   Su honor, y el vuestro, quedan por mi cuenta.

(Sale el alférez de noche.)

Alférez
(Aparte.)   (Él es, y viene solo, pues la suerte
          después de tanto tiempo a su castigo
          la ocasión me dispone; con su muerte
          mi afrenta vengaré.) Muere, enemigo.

(Sacan las espadas, acuchíllanse y éntranse.)

Guzmán   ¡Ah, vil traidor!

Alférez   Procura defenderte.

Guzmán   ¿Conoces que es Guzmán, el que contigo
           mide la espada?

Alférez   Muerto soy, espera,
           déjame confesar antes que muera.

(Vase. Salen Ocaña, Monroy y Peromato, presos.)

Ocaña   Cualquiera gallina miente
           si lo dice.

Monroy   Yo lo digo;
           pero no habla conmigo,
           que a los gallinas desmiente,
             y sabe que no lo soy.

Ocaña   Si él lo dice, con él hablo.

Monroy   ¿Ocaña, engáñate el diablo?
           ¿O estás borracho?

Ocaña   Monroy,
             ni he bebido, ni me engaña.

Monroy   Triste, ¿quieres que te mate?

Ocaña   ¡Qué gracioso disparate!

Monroy   Alá, doblen por Ocaña.

(Acuchíllanse con terciados, métese en el medio Peromato sin
terciado; [salen] Motril y Jarava, presos.)

Motril   ¿Es posible, que de plano
              confesase?

Jarava   No os espante,
              si le hallaron en fragante,
              y con la espada en la mano,
                  desnuda y ensangrentada.

Motril   Si él negara, no muriera,
              por más indicios que hubiera.

Monroy   ¿Qué es eso, Motril?

Motril   No es nada.
                  Mató al Nuevo Cid Guzmán;
              prendiéronle, y al momento
              sin tocar el instrumento
              cantó como un sacristán.

Ocaña   Yo apostaré que al pobrete
              le dan fuego su recado
              que al virrey tienen cansado
              los delitos que comete
                  y querrá abreviar con él.

(Salen don Diego y don Juan.)

Diego   Muerto de pesar, don Juan,
              viendo a Alonso de Guzmán
              en un trance tan cruel,
                  que dicen que ha confesado

el delito, y es forzoso
que ser tan escandaloso,
tan inquieto, y arrojado,
   provoque la indignación
del virrey.

Juan   Airado está,
y en esta ocasión querrá
hacer gran demostración.

(Sale Machín llorando.)

Machín   ¡Ay, amo de mis entrañas!
¿Cómo es posible, que plugo
a los cielos, que un verdugo
oscurezca tus hazañas?

Diego   ¿Qué hay de tu señor, Machín?

Machín   ¡Ay, que el virrey se ha mostrado
más cruel, más obstinado,
que suele un hombre ruin
   agraviado, y con poder.
Según orden de milicia
ha mandado hacer justicia
de él al punto sin querer
   admitir suplicación,
y ya se está confesando,
y el pueblo todo aguardando
la afrentosa ejecución.

Diego

(Aparte.)   (Ya es esta ocasión forzosa
                de declarar que es mujer
                al virrey, que es de creer
                que por ser tan prodigiosa
                   le mueva a justa piedad,
                y aunque ella no lo confiesa,
                diré que es monja profesa,
                y pondrá a su potestad
                   secular impedimento,
                pues siéndolo al tribunal
                del fuero espiritual,
                toca su conocimiento.
                   Dos justos fines consigo
                con este tan fácil medio,
                pues que su vida remedio
                como verdadero amigo.
                   Y con esto satisfechos
                Machín, Inés y don Juan,
                de que es mujer, quedarán
                los escrúpulos deshechos,
                   que impiden, que tan forzosa
                deuda le pague a doña Ana,
                y su beldad soberana
                goce en paz, y unión dichosa.)
                   Venid conmigo, don Juan.

Juan   ¿Adónde vais?

Diego   A romper
                un secreto, que ha de ser
                el remedio de Guzmán.

(Vanse. [Salen Ocaña, Machín, Motril y Monroy].)

Ocaña   En fin quiso de este modo,
           Machín, ser más confesor,
           que mártir, vuestro señor,
           y ha venido a serlo todo.

Machín   Y con obstinado pecho
           dice —¡qué tema tan loco!—
           que no ha de negar la boca
           lo que las manos han hecho.

Motril   Caprichoso disparate.

Monroy   ¿Es por ventura mejor
           dar cabriolas?

Ocaña   No hay valor
           como guardar el gaznate.

(Salen Guzmán, un alcalde [y un religioso].)

Alcalde   Vístase la ropa, amigo.

Guzmán   ¿Qué ropa? Yo soy soldado,
                            [...ado]
                            [...igo]
           y en mi traje han de llevarme.

Religioso No mire en puntos, hermano,
           que va a morir, y es cristiano.

Guzmán
(Aparte.)   (Pues yo que dejo quitarme
                   la vida por no decir
               que soy mujer, ni traer
               faldas, había de querer
               llevarlas para morir?)

Religioso   Advierta, que los perdones
               del hábito perderá.

Guzmán   Misas hay, todo será
               un año más de tizones.

Religioso   ¡Qué terrible obstinación!

Guzmán
(Aparte.)   (Por no parecer mujer,
               todo lo quiero perder
               fuera del alma.)

(Dentro todos.)

Dentro   Perdón,
                   perdón.

Machín   ¿Que lo dije luego?

(Sale don Juan.)

Juan   La sentencia ha suspendido
               el virrey, porque ha sabido
               de vuestro amigo don Diego

que sois mujer.

Guzmán   ¿Mujer yo?
            Miente, mande su excelencia
            ejecutar la sentencia,
            que don Diego se engañó
               por excusarme la muerte.

Machín   ¡Vive Cristo que has de ser,
            aunque no quieras mujer,
            y líbrate de esa suerte,
               que después ello dirá.

Religioso   Si lo tiene por afrenta,
            sin fruto negarlo intenta,
            que el caso es público ya.

Juan   Y de todos viene a ser
            el mayor daño morir.

Guzmán   ¿Para qué quiero vivir
            si saben que soy mujer?

            Fin de la segunda jornada

Jornada tercera

(Sale el vizconde de la Zolina, con hábito de Alcántara, y don Diego.)

Vizconde   Proseguid la relación
de esa mujer prodigiosa.

Diego   Después que el virrey de Lima
la suplicación le otorga,
de la novedad movido,
que le refirió mi boca.
Jurídicas experiencias,
lícitas por ser forzosas,
de que es mujer el alférez
con evidencia le informan.
Y así mirando su causa
con atención más piadosa
le da plazos en que prueba,
que el Nuevo Cid la provoca
a la pendencia y por ser
justa, y natural la propia
defensa, en la última instancia
la sentencia se revoca.
Restituída a su traje
en las Trinitarias Monjas
la recluyen por la fama
que tiene de religiosa.
Allí violentada juzga
eternidades las horas,
más repugnante que el viento

oprimido de las ondas.
Hasta que vino a romper
las prisiones, la discordia
que sobre elegir prelada,
ira siembra, y bandos forma.
De Isabel de la Artinaga,
por ser vizcaína, toma
por cuenta suya la voz
para elegirla priora.
Era la parcialidad
contraria más poderosa,
y así remite a las manos
lo que no alcanza la boca,
y con un bastón robusto
de tal suerte el viento azota,
que lo que no ablandan ruegos
a duros golpes negocia.
Ofendidas de su exceso,
y de su furia medrosas,
la expulsión que ella desea
le solicitan las monjas.
Las dos cabezas del reino
secular, y religiosa,
por evitar disensiones
en lo mismo se conforman.
Libre al fin de la clausura
pasar a España, y a Roma
resuelve, a cosas que entiendo
que a la conciencia le importan.
Y al instante que el Callao
daba por el mar la popa,
en calzones, y ropilla

trueca basquiñas, y ropa.
Halla propicio a Neptuno,
llega a la arena española,
que a las columnas de Alcides
cerró el paso, y dio memoria.
Por el hábito indecente
el obispo la aprisiona;
mas informado después
de sus hazañas heroicas,
no solo no la castiga,
mas antes la galardona,
alentando su jornada
con dineros y con joyas.
Partióse luego de Cádiz
para esta corte, que goza
del Sol de la casa de Austria
los rayos, y la corona.
Dícenme que está ya en ella,
búscola, porque me importa
lo que sabéis prosiguiendo
tras de la suya mi historia.
Ya os dije, señor vizconde
de Zolina, que dos cosas
me obligaron justamente
a que el secreto le rompa.
Una fue librar su vida
de infame suplicio, y otra
dar yo la mano a la dama,
que firme mi pecho adora,
y satisfacer la deuda
de su honor sin mi deshonra,
declarando a los testigos

de su engaño, y de la gloria
que en nombre ajeno alcancé,
que quien sus favores goza
es Guzmán, y publicado
que es mujer, deshace, y borra
las sospechas, que amenazan
murmuración a mis bodas,
sin reparar en deseos
no ejecutados, que pocas
llegan al tálamo honradas,
si los intentos deshonran.
Luego, pues que del teatro
de su tragedia afrentosa,
redimí a La monja alférez,
—que así la llaman ahora—
a la dama por quien muero
voy a declarar la historia.
Alegre de poder ya
admitirla por esposa,
ella no menos contenta
pues su honor perdido cobra,
hace gracias al engaño
por quien viene a ser dichosa.
Con esto parto al instante
a dar al Alférez Monja
cuenta de cómo los cielos
nuestros intentos conforman.
Estaba presa y ya en traje
de mujer, y hablando a solas,
le doy alegre la nueva
de mis concertadas bodas.
Mas ella —¿quién tal pensara?—

cuando espero que responda
dándome mil parabienes,
quiere que mis males oiga,
diciéndome estas palabras,
«Ya yo, don Diego, soy otra,
que fui, porque de la muerte
he visto la horrible sombra.
Yo no soy quien de esa dama
perdió la ocasión dichosa,
que por engaño alcanzaste,
otro amante es quien la goza.
Ser conocidos por míos
los guantes, y ser notoria
al mundo mi valentía,
hizo que en mis manos ponga
esa dama su remedio;
era la causa piadosa,
ella mujer, yo mujer,
dádivas quebrantan rocas.
Todo junto me obligó
a que en favor suyo rompa
la ley de vuestra amistad,
y a engañaros me disponga.
Mas ya que os debo la vida,
y arrepentida me exhorta
la confesión a la enmienda,
no es bien que os quite la honra.»
Dijo, y quedó como suele
el sinventura a quien tocan
de Júpiter vengativo
las armas abrasadoras;
como aquél que en peña dura

en un punto se transforma,
si el rostro fatal le enseña
la Gorgona encantadora.
Vuelvo en mí, y multiplicando
al paso de las congojas
las palabras, le pregunto,
si de la verdad me informa.
Afírmase en lo que ha dicho.
A matarla me provoca
mi furor; mas mi valor
por ser mujer la perdona.
Fugitivo parto a España,
jornada que me ocasiona,
y facilita don Juan,
que en aquella misma flota
a intentos suyos partía:
mas ella perdida, y loca,
que el desprecio es el que más
a la mujer enamora,
en demanda de su honor
me sigue más que mi sombra,
que para ser importuna
bástale ser acreedora.
Llego a Madrid, y a Madrid
llega también, y sus obras,
palabras, y pensamientos
de tal suerte se conforman
en quererme, en obligarme,
y en persuadirme, que sola
resistiera a sus combates,
la deidad que honor se nombra,
pasando prolijos días

en batalla tan penosa,
su amor, y mi resistencia.
Encuentro a Machín ahora,
refiéreme lo que yo
ignoraba de esta historia,
después que triste partí
de la América a la Europa.
Díceme que está el alférez
en la corte ya, y que posa
en casa de un noble hidalgo
su amigo, y compatriota,
cuyo nombre es Sebastián
de Ylumbe, y que su persona,
señor vizconde, y la vuestra,
solo un espíritu forman.
Y así me quiero valer
de vos con él porque ponga,
y vos en favorecerme
pongáis vuestras fuerzas todas,
intercediendo los dos
para que el Alférez Monja
alumbre con la verdad
mi confusión tenebrosa;
que tan constante porfía,
y tan tiernamente llora
mi triste amante, afirmando
que La monja alférez sola
sus favores mereció,
que a las insensibles rocas
persuadirá, cuanto más
a quien como yo la adora.
Muera a piedad mi desdicha,

y al fin dé vuestra persona
la autoridad, que ha de ser
la causa más poderosa.

Vizconde   Lo que más con el valor
de un hidalgo pecho alcanza,
es el hacer desconfianza
en negocios del honor.
Y así la podéis tener,
de que para averiguar
la verdad, no he de dejar
piedra alguna por mover.

Diego   Pues con esto aseguráis
mis esperanzas.

Vizconde   Yo quiero
hablarla a solas primero,
que vos con ella os veáis.

Diego   Pues la brevedad señor,
os pido.

Vizconde   Bien sé, don Diego,
que no permiten sosiego
puntos de honor, y de amor.

(Vanse, y sale Guzmán, rompiendo unos naipes, y Machín.)

Guzmán   ¿Ha sota que juegue yo?
Voto a Dios.

Machín   Vota, y reniega,
            la culpa la tiene quien juega,
            que la sota, ¿en qué pecó?

Guzmán   Ya he perdido, ¿qué he de hacer,
            puédolo yo remediar?

Machín   No, pero puedes guardar
            lo que queda por perder.

Guzmán   Bien dices.

Machín   ¿Pero no sabes
            cómo a don Diego he encontrado?

Guzmán   ¿A don Diego? ¿Y qué te dijo?

Machín   Que le contase tus casos
            desde que él partió de Lima,
            hasta que a Madrid llegamos;
            y de ellos, y de la casa
            en que vives informado,
            diciendo que te vería
            se despidió.

Guzmán   ¿Y del engaño
            de doña Ana te habló?

Machín   Yo estaba deseando
            por tener nueva de Inés;
            mas sabe que soy un mármol
            en callar, desde que en Lima,

por haberme tú mandado,
que negase los amores
de doña Ana hallo en mis labios
las costumbres de Vizcaya
en lo duro, y lo cerrado;
y así no toco ese punto.
Mas pues los dos lo tocamos,
si la mudanza de tierras,
y de los tiempos la ha dado
a tus intentos ocultos,
¿no me dirás hasta cuándo
a doña Ana, y a don Diego
has de hacer tan graves daños?

Guzmán   Yo me entiendo.

Machín   ¿Qué fin llevas?

Guzmán   Yo me entiendo.

Machín   Algún gran caso
sin duda alguna previenes,
pues de mí lo encubres tanto,
que siempre fui del archivo
de tu pecho secretario.

Guzmán   Ya digo que yo me entiendo,
ver a don Diego, es el plazo
de declarar la intención
de mi silencio, y mi engaño.
Ten paciencia, y no me apures,
que importa, pues yo lo callo.

Machín   Sebastián de Ylumbe viene.

Guzmán   No le digas que he jugado.

Machín   ¿Temes la fraterna?

Guzmán   Sí,
            que es cuerdo, y tiene a su cargo
            mi corrección, y modestia
            por cargo del Vicario.

Machín   Por esta vez callaré,
            mas si tú juegas, yo canto.

(Sale Sebastián de Ylumbe, y va un criado con un lío de vestidos de mujer, y pónelos sobre un bufete.)

Sebastián   Deja sobre ese bufete
            ese vestido, y volando
            parte a casa del Vizconde
            de Zolina, y di que aguardo
            el coche que le pedí.
(Vase el criado.)   Sabed, alférez Erauso,
            que un consejero real,
            a quien la fama ha llevado
            nuevas de vos, quiere veros.

Guzmán   ¿Que ha de verme? ¿Soy acaso
            algún monstruo nunca visto,
            o la fiera que inventaron,
            que con letras, y con armas

se vio en el reino polaco?
¿No ha visto un hombre sin barbas?

Machín   ¿Hombre? ¿O que tú has olvidado
sin duda el memento mulier
de aquel monjil trinitario,
que te pusieron en Lima?

Sebastián   Ser una mujer soldado,
y una Monja Alférez es,
el prodigio más extraño,
que en estos tiempos se ha visto,
y al fin en siendo mandato
de un consejero, es forzoso
el obedecerle.

Guzmán   Vamos,
que debe de convenir,
pues porfías.

Sebastián   Aguardaos,
que quiero que vais en traje
de mujer.

Machín   Esto es el diablo.

Guzmán   Señor Sebastián de Ylumbe,
solo el respeto que os guardo
puede hacer que vuestro intento
no castigue por agravio.

Sebastián   Mirad cuán lejos estaba

de imaginar agraviaros,
ni hallar en vos resistencia,
que sin haber consultado
con vos el intento mío,
de casa de una dama os traigo
este vestido, y previne
un coche para llevaros.

Machín ¡Ea, alférez, y Catalina!

(Llega Machín con el manteo, y dale Guzmán un golpe.)

Guzmán Aparta, loco.

Machín   Mal año
para la ama de Alcides.

Guzmán De cólera estoy rabiando.

Machín Pues a trueco de ir en coche,
hay en Madrid mil barbados,
que se pondrán de botargas.

Sebastián Alférez, determinaos,
que esto importa.

Guzmán   Si os he dicho,
y os dice mi vida, cuánto
mi propio ser aborrezco.
Si de mis padres, y hermanos
troqué la amada presencia
por el indómito arauco;

si recibí mil heridas,
y si de Miguel de Erauso
mi mismo hermano vertió
la sangre mi airada mano,
si del último suplicio,
viendo ya el lugar infausto,
me dejaba dar la muerte
en un infame teatro,
todo por no publicar
que soy mujer, no es en vano
querer que me vista ahora
de lo que aborrezco tanto?

Sebastián   Por vuestro gusto habéis hecho
excesos tan mal pensados,
quizá porque no tuvisteis
quién supiese aconsejaros.
Mas ya que yo os aconsejo,
y que el nombre me habéis dado
de amigo, tengo de ver,
si con vos, alférez, valgo
más que vuestra inclinación,
y si queréis por un rato
de disgusto, que me tenga
por hombre poco avisado
el Oidor si a su presencia,
que ha de respetarse tanto
os llevo en traje indecente.

Guzmán   Pues decid, ¿que desacato
se hace a su autoridad,
si ya por ello el Vicario

de Madrid me tuvo presa,
y por haberle informado
de mis hazañas, me dio
por libre?

Sebastián   Pues publicado
con ello que sois mujer,
¿qué perderéis en mudaros
por dos horas en su traje?

Guzmán   Dos horas son dos mil años,
y no quiero parecerlo,
ya que no puedo negarlo.
Demás, que el Oidor querrá
verme en el mismo que traigo:
mas la novedad es ésta
que le obligue a desearlo.
¿Que en el otro qué hay que ver?
¿Es por ventura milagro
ver una mujer vestida
de mujer?

Sebastián   Sí, cuando ha dado
tanta materia a la fama
con hechos tan señalados,
que ellos, no el disfraz, le mueven
a querer veros, y hablaros.
Esto en efecto ha de ser,
que ya por el mismo caso
que me resistís, celoso
de ver lo poco que valgo
con vos, o he de conseguirlo,

o jamás tengo de hablaros.

Machín   Acabóse, vizcaínos,
          testarudos sois entrambos,
          ved por cuál ha de quebrar.
          Mas tú que estás rehúsando
          parecer mujer, y en nada
          podrás parecerlo tanto
          como en decir tijeretas,
          has de ser lo más delgado.

Guzmán   Claro está que lo he de ser,
          pues un amigo, a quien guardo
          tanto respeto, se empeña
          tan resuelto, y arrojado.
          Dame ese manteo.

(Quítase la capa con rabia.)

Sebastián   Ahora
          me ponéis al rostro un clavo.

Machín   ¡Qué bien haces! No porfíes.
          Queda Roque preguntando—
          que porque de las mujeres
          públicas gustaba tanto—
          dijo, por no porfiar.

Guzmán   Acaba.

Sebastián   ¿Quieres acaso
          vestirte sobre la espada?

Guzmán   Estoy tan acostumbrado.

(Quítase la espada y pónese el manteo al revés.)

Machín   Acostumbrada.

Guzmán   También
lo estoy de tratarme hablando
como varón.

Machín   Ponte ahora
el manteo, que es bizarro.

Guzmán   El más bizarro manteo
no iguala al calzán más llano.

Machín   ¿No aciertas la coyuntura?

Guzmán   ¿Qué he de acertar? Que los diablos
inventaron estos grillos.

Machín   Vuélvele de este otro lado.

Guzmán   Pese a mí, ¿qué he de volver?
¿No ves que me viene largo?

Machín   Pues ponerte los chapines.

Guzmán   Chapines, ¿estás borracho?

(Suenan dentro cuchilladas.)

Dentro   Deténganse, caballeros.

Otro   ¡Vive Dios, que he de mataros!

Guzmán   ¿Qué es aquello?

Machín   Cuchilladas.

Guzmán   Pese a las faldas.

(Suelta el manteo, coge la espada y desenváinala.)

Machín   Andarlo.

Sebastián   Aguardad.

Guzmán   ¿Qué he de aguardar?
           Todo es cansarme, y cansaros;
           lo que no puedo conmigo,
           necedad es intentarlo.

(Vase.)

Sebastián   ¿Dónde vais?

Machín   ¿Eso preguntas
           si se están acuchillando,
           y no tiene otras cosquillas.

(Vase.)

Sebastián   El reducirla es en vano,
             porque tiene solamente
             de mujer lo porfiado.

(Vase. Salen don Diego, don Juan, y Doña Ana.)

Diego   Al vizconde de Zolina,
             a quien el Alférez Monja,
             quiere en todo hacer lisonja,
             porque a ampararle se inclina,
                lo mismo le ha respondido.

Ana   ¿Que aún está firme en su engaño?
             Que me haga tanto daño,
             sin haberla yo ofendido,
                si tan conocida injuria,
             sin justa pena dejáis,
             cielos, ¿para quién guardáis
             los rayos de vuestra furia?

Diego   Doña Ana, sin fruto son
             tus quejas, yo no he podido
             mostrar lo que te he querido
             con más clara información,
                que haberme determinado
             contra escrúpulos de honor,
             obligado de tu amor,
             y de mi deuda obligado,
                a ser tu esposo, si fue
             el disfrazado Guzmán
             solamente tu galán,
             y de la ocasión que hurté

era el dueño, pues podía
perdonar tu liviandad,
por tener seguridad
de que tu intención no había
    llegado a la ejecución;
que es cierto que se casaran
muy pocos, si repararan
en delitos de intención.
    Mas la Monja, como ves,
lo niega tan en tu daño,
quéjate, pues de su engaño,
si por ventura lo es,
    y no de mi buen intento,
que el cielo sabe, señora,
que de tus plantas adora
las huellas mi pensamiento.
    Mas fuera gran desvarío,
y tú misma me culparas,
si porque tu honor cobraras,
quisiera perder el mío,
    y el tuyo, que es cierta cosa,
que no tiene una mujer
mayor afrenta que ser
de un hombre afrentado esposa.

Ana   Tú sin duda, arrepentido
de pagar tu obligación
has trazado esta invención,
y tu amistad ha podido
    obligarla a que olvidara
de su conciencia el temor,
para quitarme el honor,

negando verdad tan clara;
    mas la justicia...

Diego   Detente,
que porque de esa sospecha
quedes mi bien satisfecha,
información evidente,
    es saber que desde el día
que ser tu amante negó
en Lima, y se retractó
de lo que afirmado había
    La monja alférez, no vi
jamás su rostro, y responde
lo que te he dicho al Vizconde
de Zolina, y no a mí.
    ¿Luego indicio es verdadero,
de que no intento engañar,
obligarla a declarar
la verdad con tal tercero?

Ana   ¿Luego tú no la has hablado
en la corte?

Diego   Mis enojos,
no han permitido a mis ojos.
ver a quien los ha causado.
    Y aunque es verdad que al Vizconde
le pidió que me dijese,
que yo con ella me viese,
y porque entiendo que esconde
    algún misterio el deseo
de verme, la quiero hablar,

yo no le pienso tocar
este punto si la veo,
   tanto porque es obligarme
de cólera a enloquecer,
y es en efecto mujer
de quien no puedo vengarme,
   cuanto porque ella pudiera
sospechar que yo quería
con semejante porfía,
no que la verdad dijera,
   sino que o lo fuese, o no,
dijese que era verdad
ser ella, a quien tu beldad
por dueño solo estimó,
   y fuera justa ocasión
de mi infamia esta sospecha.
Y pues quedas satisfecha
con esto de mi intención,
   que no publiques te pido
sucesos tan contra ti,
y ten lástima de mí,
que te adoro, y te he perdido.

(Vase.)

Ana   Aguarda, aguarda, don Juan.

Juan   ¿Qué me mandas?

Ana   Que conmigo
os vengáis, a ser testigo
de lo que el falso Guzmán

me responde en este caso
a mí misma.

Juan   Justo es
que te sirva.

Ana   El manto, Inés,
que de ofendida me abraso.

(Vanse, y sale Guzmán con botas, y unos papeles, y Sebastián Ylumbe, y Machín.)

Guzmán   De vos confío el cuidado
de acordar mis pretensiones,
en todas las ocasiones
en el Consejo de Estado.
   Éstos los papeles son
de mi servicio, tomad,
y por los ojos pasad
esta certificación,
   que entre los demás os dejo,
que de ella os informaréis
de lo que pedir podéis
en recompensa al Consejo.

(Lee.)

Sebastián   Don Luis de Céspedes Xeria, gobernador, y
capitán general de la provincia de Paraguay, &
                c.
Certifico a su majestad, que conozco a Catalina
                de

Erauso de más de diecisiete años a esta
parte, que en hábito de hombre, y soldado le
ha servido en Chile más de diecisiete, en las
compañías del maese de campo don
Diego Bravo de Sarabia, y del capitán
Gonzalo Rodríguez: de la cual fue por sus
servicios alférez, llamándose Alonso
Díaz de Guzmán, y se halló en
todas las ocasiones que se ofrecieron con
        mucho
valor, y reformada su compañía,
pasó a la del capitán Guillén
de Casanova, y fue por buen soldado de los
aventajados, sacados para campear desde el
        Castillo
de Paicabí con el maese de campo
Álvaro Núñez de Pineda, y se
halló en muchas batallas, y recibió
muchas heridas, y en particular en la de
Purén, donde llegó a la muerte. Por
lo cual, y por ser digna de que su majestad le
        haga
merced, le di la presente, con mi firma, y sello.
En Madrid, a 2 de febrero de 1625.

Guzmán   De aquese mismo tenor
son los demás, ésta es
del noble don Juan Cortés
de Monroy, gobernador
  de Veraguas. De don Diego
Flores de León, es ésta,
que en el pecho manifiesta

la Cruz del Patrón Gallego,
   Maese de Campo, a quien dan
en las regiones australes,
alabanzas inmortales
sus hechos. Del capitán,
   y cabo de compañías,
Francisco de Navarrete,
es aquésta que promete
premio a las hazañas mías,
   según las ha exagerado.
Éstas son las que en Madrid
pude juntar, acudid
al secretario de Estado
   que pienso que la hallaréis
atento a mi pretensión.

Sebastián   ¿A qué remuneración
os inclináis?

Guzmán   Si podréis
   para Flandes negociar
una ventaja, me holgara
que su majestad premiara
mis hechos con emplear
   en sus servicios estas manos,
que rabian ya por saber,
si pueden también vencer
flamencos como araucanos.
   Pero si al fin conquistar
no podéis merced ninguna,
pretended al menos una,
que es muy fácil de alcanzar.

Sebastián   ¿Cuál es?

Guzmán   Que me consienta
andar siempre de varón,
que con esta permisión
quedo pagada, y contenta.

Sebastián   Pues sin tenerla te pones
en su traje, ¿qué te inquieta?

Guzmán   No quiero vivir sujeta
a enfados, y vejaciones.

Sebastián   Por advertido me doy,
mas trata de prevenirte,
que es hora ya de partirte,
que en casa el Vizconde voy.

(Vase, y sale don Juan, doña Ana, e Inés con mantos.)

Juan   Aquí está; alférez Guzmán,
bien debéis a mi deseo
los brazos.

Machín   ¿Qué es lo que veo?
¿Es Inés?

Guzmán   Señor don Juan,
¿tenéis salud?

Juan   Bueno estoy

para serviros.

Guzmán   ¿Don Diego?

Juan   A buscaros vendrá luego.

Machín   Inés, los brazos te doy.

Inés   ¿Cómo te llegas a mí,
testigo falso?

Machín   Un criado,
¿qué ha de hacer siendo mandado?

Ana   Guzmán, ¿conoceisme?

Guzmán   Sí,
bien te conozco, doña Ana.

Ana   ¿Pues cómo tu falso pecho,
si me conoces, ha hecho
una acción tan inhumana
   contra mi honor, y opinión,
negando claras verdades?
¿Por dicha te persuades,
que no hay ley, que no hay razón?
   ¿Que no hay Dios? ¿Que no hay justicia,
para haber ejecutado?
¿En qué intento te ha obligado
tan detestable malicia?
   ¿Verdad tan averiguada,
no la dirán los que ves

que la saben? Habla, Inés;
habla, Machín.

Machín   No sé nada.

Ana   ¡Ah, traidor! ¡Falso testigo!
Mal haya yo, que mujer
nací, para no poder
dar a entrambos el castigo.

Inés   Ahora no me decías
disculpándote, ¿un criado,
qué ha de hacer siendo mandado?

Machín   No sé nada.

Guzmán   Tus porfías,
   no han de hacer mudanza en mí,
que aunque tu mal me lastima,
lo mismo que dije en Lima,
te digo, doña Ana, aquí.

Ana   ¿Es posible que de Dios
te puedes tanto olvidar?

Juan
(Aparte.) (¿Quién podrá determinar
cuál miente aquí de los dos?
   Pero don Diego ha llegado.)

Machín
(Aparte.) (Gracias a Dios, que esta vez

se acabará la preñez
de engaño tan dilatado.)

Ana
(Aparte.)   (Éste es don Diego: ojalá
vengue este infame pecho
su agravio, y mi deshonor.)

Guzmán
(Aparte.)   (Ya se cumplió mi deseo.)

(Sale don Diego.)

Diego   Ya estoy, con ver la ocasión
de tantos daños, ardiendo
en cólera, pero quiso
que fuese mujer el cielo,
porque no pueda vengarme.
Doña Ana está aquí, y me huelgo,
por dejarla satisfecha.

Machín
(Aparte.)   (El color pierden, ¿qué es esto?)

Diego   Porque me dijo el Vizconde
que tenéis que hablarme, vengo
a hacerlo, alférez.

Guzmán   Sintiera
en el alma irme sin veros.

Diego   Hablad, pues que ya os escucho.

Guzmán   ¿Tenéis memoria, don Diego,
que para descubriros
que era mujer el secreto
prometisteis como noble?

Diego   Sí prometí, bien me acuerdo.

Guzmán   ¿Pues cómo lo quebrantastes?

Diego   Por daros vida.

Guzmán   El celo
de librarme, no era justo
que os obligase a romperlo,
habiéndoos yo prevenido,
que sintiera mucho menos
la muerte, que publicar
que era mujer; y así viendo
que a descrubrirlo os movió
de casaros el deseo,
quise con aquel engaño
impediros el efecto,
y el fruto que conseguir
pensastes de haberlo hecho.
Hasta que viéndome libre
de prisiones, y volviendo
a vestir varonil traje,
y a ceñir marcial acero,
de los agravios, afrentas,
infamias, y vituperios,
que desde entonces acá

he padecido, y padezco,
por haberme vos guardado
la palabra del secreto,
tomará así la venganza,
y os dará justo escarmiento.

(Dale a don Diego con un bastón, y sacan las espadas.)

Diego   ¡Ah, vil!

Machín   ¿No lo dije yo?

Ana   ¡Ay de mí!

(Métese don Juan de por medio.)

Juan   ¿Qué hacéis, don Diego?

Diego   Castigar una mujer
             atrevida.

Juan   Si vos mismo
             decís que es mujer, ¿qué afrenta
             una mujer os ha hecho?

Guzmán   Mentís, que no soy mujer
             mientras empuño este acero,
             que ha vencido tantos hombres.

Diego   Apartad, don Juan.

(Sale el vizconde de Zolina de camino, y Sebastián de Ylumbe.)

Vizconde	¿Qué es esto?

Vizconde   ¿Qué es esto?
     Señor don Diego, aguardad,
     ¿Sois hombre? ¿Sois caballero?
     ¿Contra una mujer sacáis
     la espada?

Diego   En nadie la empleo
     mejor que en una mujer,
     cuando me pierde el respeto.

Vizconde Acabad, sed más prudente,
     que aunque os lo pierda, os advierto,
     que si os dais por agraviado,
     no quedaréis satisfecho,
     aunque la muerte le deis,
     que es mujer, y es caso cierto,
     que es más afrenta que hazaña
     manchar en ella el acero.

Guzmán   ¿Que es mujer? ¡Tanta mujer!
     Tratadme, Vizconde, menos
     de mujer, que perderé
     sobre ello, al mundo respeto.

Vizconde Si lo eres, ¿de qué te agravias?

Guzmán   Si lo soy, ni lo confieso,
     ni quiero sufrir que nadie
     me lo llame, y vos, don Diego,

pues padezco estas afrentas
por vos, ni de lo que he hecho
me pesa, ni soy mujer,
si queréis satisfaceros.

Sebastián   ¡Hay condición tan extraña!

Ana   ¿Qué tigre te dio alimento,
que a la que tanto debes
tantos agravios has hecho,
cruel?

Guzmán   Escucha, señora,
que pues mi agradecimiento,
y tu honor pudieron tanto
en mi pecho, que me hicieron,
solo porque su sospecha
satisfaciese don Diego,
descubrir que era mujer,
cuando estaba tan secreto.
Ahora, puesto, doña Ana,
que es público, y hago menos
y que satisfice ya
mi enojo, y cesa con esto
la ocasión, porque mi engaño
le impidió tu casamiento,
mejor lo confesaré
por dar a tu honor remedio,
y no malograr fineza,
que tan a mi costa he hecho.
Y así, don Diego, ya es justo
restituir lo que debo

a doña Ana, declarando,
que solo cupo en su pecho
mi amor, y pues habéis visto
de negároslo el intento,
dadle la mano, que yo,
si acaso consiste en esto,
porque ni vos reparéis
en la ofensa que os he hecho,
ni ella, se case con quien
tenga el menor sentimiento.
Y para que efecto tenga
segunda vez os confieso,
que soy mujer, pues deshago,
y satisfago con esto
vuestro agravio, pues decís,
que soy mujer, es lo mismo,
que confesar que no pude
agraviaros, ni ofenderos.
Y si esto no os satisface,
haga mi agradecimiento
lo que no hiciera la muerte
en ese invencible pecho,
(Arrodíllase.)   rindiéndome a vuestros pies,
y confesándome en ellos
vencida, y que a merced vuestra
vivo, pues quedáis con esto,
mucho más que con matarme,
ventajoso, y satisfecho.

Diego   Levanta, y dame los brazos,
que no solamente quedo
satisfecho, mas vencido,

envidioso del ejemplo,
que de agradecida has dado,
y quisiera yo haber hecho
más esta hazaña, que cuántas
han celebrado los tiempos.

Vizconde   Nunca has mostrado el valor
como ahora de tu pecho.

Sebastián   Más has ganado vencida
de ti misma, que venciendo
ejércitos enemigos.

Vizconde   Con aquesto, y pidiendo
perdón, tenga fin aquí
este caso verdadero.
Donde llega la comedia
han llegado los sucesos
que hoy está el Alférez Monja
en Roma, y si casos nuevos
dieren materia a la pluma,
segunda parte os prometo.

Fin de la comedia

Libros a la carta

A la carta es un servicio especializado para
empresas,
librerías,
bibliotecas,
editoriales
y centros de enseñanza;
y permite confeccionar libros que, por su formato y concepción, sirven a los propósitos más específicos de estas instituciones.

Las empresas nos encargan ediciones personalizadas para marketing editorial o para regalos institucionales. Y los interesados solicitan, a título personal, ediciones antiguas, o no disponibles en el mercado; y las acompañan con notas y comentarios críticos.

Las ediciones tienen como apoyo un libro de estilo con todo tipo de referencias sobre los criterios de tratamiento tipográfico aplicados a nuestros libros que puede ser consultado en Linkgua-ediciones.com.

Linkgua edita por encargo diferentes versiones de una misma obra con distintos tratamientos ortotipográficos (actualizaciones de carácter divulgativo de un clásico, o versiones estrictamente fieles a la edición original de referencia).

Este servicio de ediciones a la carta le permitirá, si usted se dedica a la enseñanza, tener una forma de hacer pública su interpretación de un texto y, sobre una versión digitalizada «base», usted podrá introducir interpretaciones del texto fuente. Es un tópico que los profesores denuncien en clase los desmanes de una edición, o vayan comentando errores de interpretación de un texto y esta es una solución útil a esa necesidad del mundo académico.

Asimismo publicamos de manera sistemática, en un mismo catálogo, tesis doctorales y actas de congresos académicos, que son distribuidas a través de nuestra Web.

El servicio de «libros a la carta» funciona de dos formas.

1. Tenemos un fondo de libros digitalizados que usted puede personalizar en tiradas de al menos cinco ejemplares. Estas personalizaciones pueden ser de todo tipo: añadir notas de clase para uso de un grupo de estudiantes, introducir logos corporativos para uso con fines de marketing empresarial, etc. etc.

2. Buscamos libros descatalogados de otras editoriales y los reeditamos en tiradas cortas a petición de un cliente.

www.ingramcontent.com/pod-product-compliance
Lightning Source LLC
Chambersburg PA
CBHW020843150726
48196CB00002B/195